「宗教改革」後を生きる

五つの"ソラ"から

吉田 隆

いのちのことば社

装丁＝吉田グラフィカ

はじめに

二〇一七年に宗教改革五百周年を迎えました。すでに長らく信仰生活を送ってこられた方にとっては常識的なことかもしれませんが、しかしもう一度、現代《いま》を生きる私たちが拠って立つ「福音信仰」とは何かということを、ごいっしょに確認できればと思っています。そしてそのことを通して、私たちの家族や友人、周囲の人々に私たちの信仰を伝えるきっかけになればと思い、五つのお話を用意しました。

本書の全体のテーマは、『五つの〝ソラ〟から――「宗教改革」後を生きる』です。「Sola《ソラ》」とは、ラテン語で「～のみ」「～だけ」という意味です。宗教改革の信仰を表す標語として、次の五つの「Sola」が用いられてきたのです。

ただ信仰のみ（Sola fide）
ただ聖書のみ（Sola Scriptura）
ただ恩恵のみ（Sola Gratia）
ただキリストのみ（Solo Christo）
ただ神の栄光のみ（Soli Deo Gloria）

これらの標語は、かならずしも昔から用いられてきたものではなく、ほとんどは二〇世紀に入ってから言われるようになりました。特に最初の三つ――「ただ信仰のみ（Sola fide）」「ただ聖書のみ（Sola Scriptura）」「ただ恩恵のみ（Sola Gratia）」が最初に用いられるようになり、後に残りの二つが加わって五つになりました。そのことからもわかるように、ラテン語の変化の関係で、後の二つは「Sola」ではなく「Solo」「Soli」になっています。意味は同じです。しかし、語呂がいいように、五つの「のみ（Sola）」という言葉で表現してきたわけです。

当初、タイトルを「五つの〝のみ〟」としようかと思ったのですが、五つも「ノミ（蚤）」が出てくるとかゆくてしようがないのではと考え直し、「ソラ」としました。私たちの世界にも、きっといろいろな空《そら》が広がっている。そのようなイメージをもって、「五つのソラから」としました。

ただ、理解していただきたいのは、これら五つの「のみ」が、かならずしもイエス・キリストがもたらした救いの全体を説明しているわけではない、ということです。これらの標語は、むしろ「福音とは何か？」について、私たちの福音信仰の〝要《かなめ》〟を表現しているものなのです。

本書では、まず、これらの宗教改革の基本原理が何を意味しているのかを学びたいと思います。しかし、そのことばかりに終始してしまうと、歴史や教理の難しい話になってしまいますので、ごく簡単にとどめます。そのことよりも、宗教改革のときに改革者たちが命がけで主張した信仰が、今日の私たちや教会にとって、どのような意味を持ち、どのような課題を投げかけているのかということを、ごいっしょに思いめぐらしてまいりたいと思います。

目次

I　ただ信仰のみ（Sola fide）

私は福音を恥としません。福音は、ユダヤ人をはじめギリシア人にも、信じるすべての人に救いをもたらす神の力です。

福音には神の義が啓示されていて、信仰に始まり信仰に進ませるからです。

「義人は信仰によって生きる」と書いてあるとおりです。


（ローマ人への手紙一章一六〜一七節）

「ただ信仰のみ」は、どこから出てきた？

宗教改革という大きな出来事は、一五一七年、当時修道士だったマルティン・ルターが、ヴィッテンベルク城教会の門の扉に「九十五箇条の提題」を貼り出したことから始まったと言われています。その「九十五箇条」そのものの中に出てくるわけではないのですが、後にルターは、「信仰のみ」ということについて、さまざまなところでくり返し書くようになりました。たとえば、次に引用するのは、ローマ人への手紙四章についてルターが友人に送った手紙の一節です。

「パウロは私よりも熱烈に〝信仰のみ〟が義とすると主張してはいないだろうか。私が言うように〝のみ〟という言葉を用いてはいないけれども……。問題は、信仰と業《わざ》との関係であり、義認において業に帰される何かがあるかどうかである。使徒は、一切それに帰していないのだから、疑いなくすべては〝信仰のみ〟によるのである。」

（ローマ四・二～三についての書簡）

宗教改革の合言葉となった「ただ信仰のみ」という言葉は、もともとルターが翻訳していた『ドイツ語新約聖書』の中に出てきた表現です。

日本語でも聖書の翻訳・出版作業が行われ、新しい訳の聖書が出版されました。

どのようにしたらギリシア語を、多くの日本人に効果的に神の言葉として伝えることができるかと、翻訳にあたった先生方は四苦八苦しながら日本語を選ばれたことと思います。神が日本語でお語りになる、それにはどのような日本語（また、それぞれの母語）がふさわしいのかが聖書翻訳の大きな課題でしょう。

昔、私が初めて韓国に行ったとき、現地でお世話になった方のお家に泊めていただきました。そのときに日本で作られた「アルプスの少女ハイジ」のアニメが、テレビで放送されていました。当然ですが、吹き替えですから、ハイジは韓国語でしゃべるわけです。「ハイジは韓国語もしゃべるんだ！」と衝撃を受けましたが、考えてみると、聖書の原文を日本語に翻訳するということも同じことでしょう。

ルターは、「神はわれらのドイツ語を話したもう！」と言って、『ドイツ語新約聖書』を翻訳しましたが、それは高貴な人々が話すドイツ語ではなく、ふつうの庶民が話すドイツ語をルターは念頭に置いて、いわばドイツ語を「創作」したわけです。そうして、人々の心に届くドイツ語聖書を完成させました。

新改訳聖書では、ローマ人への手紙三章二八節は以下のようになっています。

「人は律法の行いとは関わりなく、信仰によって義と認められると、私たちは考えているからです。」

ルターはこの箇所を、ある意味でパウロと一心同体になって、パウロの気持ちが乗り移ったかのように興奮して、「人が神に義と認められる（救われる）のは、律法の行いなんかによるのではない！　それは、ただ信仰のみによるのだ！」と叫ぶようにして訳したのです。

じつは、この箇所のギリシア語原文には、「ただ〜のみによる」という言葉はありません。けれどもルターは、もしパウロがドイツ人ならかならずこういうふうに言うはずだ、という思いを込めて翻訳したのです。こうして、このフレーズがのちにルターの主張の大きな原理になっていき、「信仰義認」というプロテスタントの福音信仰にとって中心的な意味を持つ教理となったわけです。

カトリックとプロテスタントの違い

宗教改革から五百年も経つと、ルターが闘った当時のカトリック教会の誤りと、そのカトリックの誤りに対するプロテスタントの正当性という図式は徐々に薄まっていきました。それは、当時の歴史を正しく理解する研究や、お互いの立場をきちんと理解しようとする姿勢が生まれてきたからです。

◆義　化

カトリックの中にも「義認」の教理があります。日本語では「義化」と訳されています。ラテン語でも英語でも、「義認」も「義化」も同じ言葉（ラ＝Justificatio／英＝Justification）です。日本語の翻訳が違うだけなのですが、それぞれの理解の仕方が異なるのです。それでは、「義認」と「義化」はどこが違うのでしょうか。

まず、イエス・キリストが成し遂げられた功績（義）によって、私たち罪人が義とされる（救われる）、という点は全く同じです。

では、違う点はどこでしょうか。おおざっぱに言って、ふたつ挙げられます。まず、このキリストの義の「受け取り方」です。カトリックでは、キリストの功績というものが、一度教会にゆだねられるとされます。そして、その教会から人々に分け与えられるという構造になっています。ですから、洗礼をはじめとしてカトリックでは七つある教会のサクラメント（秘跡）にあずからなければいけないのです。そのサクラメントを通して、キリストの功績が私たち人間に与えられ、私たちは救われていく。このような考え方です。

もう一つ違うのは、義認そのものの意味です。カトリックにおいて、義とされるとは、洗礼を受けたときから天国に至るまでの全過程《プロセス》を指します。まさに「義化」なのです。それは、聖霊の働きによるのですが、キリストの功績がいろいろなかたちで私たち人間に与えられ、少しずつ罪がきよめられ、実際に神の子と変えられ、最後には完全に義とされていく。このようにして、義と認められる（義認）という言い方はせずに、義となっていくという意味で、カトリックでは「義化」と言うのです。

義となっていくわけですから、単に罪が赦されるということだけでなく、実際に神の子どもにふさわしく「なっていく」ところまで含まれます。そこでカトリックでは昔から、「義化」のためには〝信仰とわざ〟とが必要である、と主張されてきました。その二つがなければ、「義」とはなれないからです。

今、このように冷静に聞くと、「なるほど」と思うのですが、その当時と今では言葉の使い方が違っていたり、それをめぐってケンカしたりしていたのでお互いの理解が全然進まなかったわけです。

このカトリックの理解を裏づけるみことばとして挙げられるのが、ヤコブの手紙二章の言葉です。

「私の兄弟たち。だれかが自分には信仰があると言っても、その人に行いがないなら、何の役に立つでしょうか。そのような信仰がその人を救うことがで

きるでしょうか。……同じように、信仰も行いが伴わないなら、それだけでは死んだものです。」（二・一四、一七）

カトリック教会は、この有名なヤコブの手紙の言葉を用いて、信仰と行いをセットにして「義」を説明してきたのです。しかし、ルターはこのヤコブの手紙を〝藁《わら》の書〟と呼んで、カトリックの教えを激しく糾弾しました。

それでは、プロテスタントでは「義認」をどのように理解してきたのでしょうか。

◆義　認

プロテスタントでは、キリストの功績（キリストが成し遂げてくださった救い）は、私たち人間に恵みの手段（みことばと礼典）をとおして、一方的に与えられる神のわざと理解されました。つまり、みことばをとおして神が人間を救うというご自分の義をあらわしてくださり、ご自分の聖霊をとおして私たちの古い人を殺して新しい人に造りかえるという、神の一方的で創造的なお働きです。そのように一方的に私たちを救ってくださる（義としてくださる）神の大いなる働きを、私たちは〝ただ信仰のみ〟によって受けるというのが、プロテスタントの「義認」理解です。ですから、私たち人間は罪人のままで、イエスさまの義（救いのわざ）を信じるだけで救われる、という教えを大切にしてきたのです。

ルターの言葉に、こういうものがあります。

「罪人であると同時に義人である。」

私が子どもたちに「義認」の教理を説明するときには、こんなふうに伝えています。

私たちはみな心が真っ黒で、神さまに喜ばれないことばかりをする、神さまから罰を受けてもしかたのない罪人です。天国から神さまがご覧になると、私たちはみんな真っ黒に見える。でも、そこにイエスさまが真っ赤な傘を、私たちのために広げてくれました。それは、十字架で流されたイエスさまの血の色です。この傘の下に私たちが隠れると、天国の神さまからは真っ赤にしか見えません。傘の下にいる私たちは真っ黒のままだけど、神さまには真っ赤に見えるから赦していただけるのです、と。

罪人のままで、しかし、キリストの義（救い）を信じるだけで、神の一方的な救いにあずかることができる。これを「福音」と私たちは受けとめているわけです。

「義」の理解の違いが生まれた背景

それでは、カトリックとプロテスタントの間に、なぜ「義」の理解の違いが生まれてきてしまったのでしょうか。もう少しだけ、くわしくお話ししましょう。私は、大きくふたつのことが、原因としてあるのではないかと思います。

ひとつは、単純に言葉の問題です。もうひとつは、後ほど詳しく触れますが、ルター個人の体験の問題です。

まず、言葉の問題を見ていきましょう。

◆ユダヤ的背景とギリシア語聖書

パウロはユダヤ人ですから、本来ユダヤ人の思考で物事をとらえています。それは、旧約聖書の思考パターンです。つまり、旧約聖書の信仰をもってパウロは語ろうとします。ところが、使わなければならないのはギリシア語です。そこに、どうしても言葉のニュアンスの違いが出てきてしまうのです。

パウロがローマ人への手紙の中で使っている「義と認める」というギリシア語は、古代ギリシア語では法廷用語でした。つまり、法廷において、裁判官が被告人に対して「無罪」、すなわち「義と認める」と宣告する際に使った言葉が、ローマ人への手紙で使われているのです。本来のユダヤ的理解における「義」は、もう少し人格的で関係的な意味での正しさ。つまり、日本語の「義理」とか「仁義」というような言葉遣いに表れる「義」と似ています。法廷における正しさは、そうした理解のほんの一面にすぎません。

ところが、聖書をギリシア語で研究するようになった宗教改革者たちは、ギリシア語そのものの意味を重視し、そこで「義認」という言葉を法廷的に理解するという考えが生まれたわけです。つまり、神さまの審判の前に引き出された私たち人間が、本来なら有罪になるところを、キリストのおかげで無罪とされたと理解したのです。

こうして、神のさばきとキリストの贖いや償いという面が非常にクリアになった反面、人格的・関係的な「義」の理解が弱くなってしまったのではないかと今日では思われるわけです。

もちろん、プロテスタントも、信仰だけで終わりとは言いません。「良い行い」という生活の側面を無視したわけではないのです。ただそれは、私たちが救われるための手段でも、必要条件でもなく、むしろ神さまから救われた結果、聖霊のお働きをとおして、「良い行い」の実を結ぶようになると主張したわけです（これを通常〝聖化〟のわざとして義認とは区別します）。しかし、旧約聖書の考え方からすれば、神と「義」の関係になったなら、良い行いをするのは当たり前です。神さまのおかげで救っていただいたのなら、このお方に尽くして生きる「義理」があるからです。

こうして、幸か不幸か、ルターが主張したこの〝信仰のみ〟が、聖書の福音の中心であると理解され、キリストの教会がこれによって立ちもし倒れもする教理、プロテスタント信仰の「内容原理」――まさに中身そのもの――であると理解されるようになったわけです。それに対する「形式原理」――外的な基準――については、次の「ただ聖書のみ」の章で触れたいと思います。

◆マルティン・ルターの体験

ルターは、ただ聖書を研究しただけで「信仰義認」の確信に至ったわけではありません。その背景には、ルターの個人的な信仰体験がありました。

ドイツのアイスレーベンというところで生まれたルターは、朝から晩まで、顔や体を真っ黒にしながら鉱山で働く父の姿を見ながら大きくなりました。父親は、息子にはこんな苦労をさせたくないと思ったのかもしれませんし、息子を出世させて家計を楽にしてもらいたいと思ったのかもしれません。ルターを弁護士にさせようと、一生懸命働いて貯めたお金をはたいて学校に通わせました。ルターもまじめに勉学に勤しんでいました。そんなある日のことです。友人と広い野原を歩いているときに、ルターは雷に打たれそうになるのです。

私が育ったのは埼玉県の深谷というところで、雷で有名な群馬県と川を隔てた田舎町でした。今ではそういうこともないと思いますが、私が子どものころは、毎夏かならず一人や二人、落雷で命を落としていました。ですから、私にとっても雷はほんとうに恐ろしいものでした。

ルターの時代、人々は、雷をまさに天からの神のさばきの力と感じたことでしょう。野原を歩いていたルターも、間近に雷が落ちた瞬間、「聖アンナさま、助けてください！　私は修道士になります！」と祈ってしまうのです。当時の人々は、このようにしばしば聖人の名前を出して祈っていました。

いずれにせよ、こんなときには、だれでもとっさに助けを祈るものですが、まじめなルターは神さまに誓った以上、ちゃんと果たさなければいけない。そうでないと次の雷のときには間違いなく打たれると思ったのでしょうか、誓ったとおりに修道士になりました。息子を弁護士にさせるために、一生懸命学校に通わせていた父親は激怒します。しかし、父親の雷よりも神さまからの雷のほうが恐ろしいので、ルターは修道士の道に入りました。

修道士としても、ルターは人一倍まじめに生活しました。しかし、まじめに生きれば生きるほど、自分は神の怒りから免れることができるのか、その確信を得ることができなかったのです。どれくらいがんばれば十分なのか、どれくらい修業を積めば神に喜ばれる人間になれるのか、ルターは悩みました。そのような中でルターが出合った聖書の言葉が、ローマ人への手紙一章一六、一七節でした。

「私は福音を恥としません。福音は、ユダヤ人をはじめギリシア人にも、信じるすべての人に救いをもたらす神の力です。福音には神の義が啓示されていて、信仰に始まり信仰に進ませるからです。『義人は信仰によって生きる』と書いてあるとおりです。」

ルターはこの中の「福音には神の義が啓示されていて」との言葉に目がとまりました。カトリックにおいて「福音」とは「福音書」、とりわけ主イエスご自身が語られたお言葉を指します。ですから、当時のカトリック信者にとって、この箇所は「イエスのお言葉のうちには神の義が啓示されていて」と読み替えることができました。

私たちが「イエスのお言葉（教え）」と聞いて思い起こすのは、どのようなものでしょうか。もちろん、たくさんありますが、その代表的なものは「山上の説教」（マタイ五〜七章）ではないでしょうか。たとえば、イエスはこう言われました。

「わたしはあなたがたに言います。あなたがたの義が、律法学者やパリサイ人の義にまさっていなければ、あなたがたは決して天の御国に入れません。」
（マタイ五・二〇）

では、イエスが求められた義とは、どのようなものでしょうか。

「昔の人々に対して、『殺してはならない。人を殺す者はさばきを受けなければならない』と言われていたのを、あなたがたは聞いています。しかし、わたしはあなたがたに言います。兄弟に対して怒る者は、だれでもさばきを受けなければなりません。兄弟に『ばか者』と言う者は最高法院でさばかれます。『愚か者』と言う者は火の燃えるゲヘナに投げ込まれます。」

（同二一〜二二節）

「『姦淫してはならない』と言われていたのを、あなたがたは聞いています。しかし、わたしはあなたがたに言います。情欲を抱いて女を見る者はだれでも、心の中ですでに姦淫を犯したのです。」

（同二七〜二八節）

これが、イエスがお求めになった義でした。そうだとすれば、いったいだれがこの義に到達することができるだろうか。ルターは絶望しました。

しかし、ルターが何度読んでもわからなかったのは、後半の、神の義は「信仰に始まり信仰に進ませる……。『義人は信仰によって生きる』」という言葉でした。イエス・キリストの義は初めから終わりまで信仰によって成し遂げられる、あるいはまた、正しいとされる人は「信仰によって生きる」とは、いったいどういう意味なのか、ルターには理解不能でした。

ところがやがて、ルターの中に突然のひらめきが与えられます。これまで自分は、どうすればイエス・キリストの義に達することができるのか、神に喜ばれる人間になれるのかと思い悩んできた。しかし、イエス・キリストの義とは、私たちが努力して達することのできるものではない。むしろ、私たちに義（救い）をもたらすためにこそ、イエス・キリストは来られたのではないか。私たちが神の子になるために天にまで上って行くのではなくて、神の御子のほうが私たちのところに降って来てくださったのではないか。私たちが努力して天国に行くのではなく、天国が私たちのもとに来てくださったのではないか。それを、私たちは信じるだけで良いのではないか、と。

このように思い至ったとき、ルターは、今まで経験したことがないほどの喜びに包まれました。自分の目の前で天国の扉が大きく開かれていったように感じたと、ルターは後に記しています。神が成し遂げてくださることを、私たちはただ信じるだけでいい。〝ただ信仰のみ〟によって、人間は救われる！　これが、キリストによってもたらされた福音であると、ルターは全身が打ち震えるほどの喜びをとおして確信したのでした。

じつは、これこそがまさにパウロが体験したことでもありました。かつて熱心なユダヤ教徒としてキリスト者たちを迫害してきたパウロは、「サウロ、サウロ、なぜわたしを迫害するのか」と言われる天上のキリストご自身に出会いました（使徒九・四）。パウロは、自分が迫害してきたお方が、じつは神の御子であったという衝撃の事実を知らされたのです。

自分のそれまでの人生すべてが間違っていたことを悟ったパウロは、頭が真っ白になったことでしょう。しかし、イエスはそんな自分をさばきも殺しもせずに、赦し、受け入れてくださった。これが、パウロの福音の原体験でした。そして、その体験が後に「ローマ人への手紙」という偉大な書簡を、パウロに書かせたのではなかったかと思うのです。「福音は、……信じるすべての人に救いをもたらす神の力です」と。

このようなパウロの福音体験を、ルターはまさに追体験したと言えると思います。このように、プロテスタントが主張する信仰義認の教理とは、神の一方的な救いという恩寵体験に基づく告白でもあるのです。

「ただ信仰のみ」の今日的意義

◆全体的な福音

さて、それでは、このような福音理解を今日の言葉で表現するとすれば、どのようになるでしょうか。近年よく言われるようになった「全体的《ホリスティック》な福音」という表現が、それに近いと思います。神さまが私たち人間を、文字どおり丸ごと受け入れて、義としてくださるということです。

「義とする」というギリシア語は法廷用語であることをお話ししました。もともとの語源は確かに法廷用語です。しかし、旧約聖書から続く「義」という概念は、裁判所で罪人が裁かれる際に無罪を意味するだけでなく、「全人格的」に神から受け入れられ、神の交わりの中に入れられるという意味であることが明らかになってきました。これは、今日の多くの新約学者たちの一致した見解です。

すなわち、「信仰によって義とされる」とは、私たちが神の大いなる救いを信仰によって受け入れるとき、全人格的にすべて神のうちに受け入れられることを意味しているのです。そして、そのように全人格的に受け入れられるとは、〝ありのままの私たち〟を神が受け入れてくださることにほかなりません。

◆「良い子」の苦しみ

先ほど、ルターの個人的な体験に触れましたが、ルターはまじめな子どもでした。

非常に厳しい父親のもと、勉強し、出世し、家計を楽にするようにと、期待を一身に背負わされていました。ルターは父親から言われるとおり、まじめに勉強し、出世できるように努力する〝良い子〟だったのです。

しかし、〝良い子〟でいることは苦しいことだと思います。私は、〝良い子〟ということで、人生がおかしくなってしまった人をふたり知っています。ふたりとも、ルターのようにまじめなタイプな方でした。

ひとりは、小さいころからずっと「おまえは良い子でいなさい」と言われ続け、なかなか良い子になれない自分を責めていました。傍《はた》から見れば、まぎれもない良い子でしたが、いつまでも親の期待に応えられない自分を責め続け、最後は心病んでしまい、自分の人生を見失ってしまったのでした。

もうひとりは、とにかく模範的な人生を歩んできた方です。入る学校すべて成績優秀で、一生懸命勉強し、親が決めた大学を受験し、見事合格しました。しかし、その合格発表の翌日、彼女は自ら死を選びました。「これは、私の人生ではなかった」と。

〝良い子〟として生きることは、時にその人から人生を奪ってしまうことがあります。聖書の神さまは、私たち人間に「良い子になりなさい！」とは言っておられない。このことは大切なことです。神さまが言っておられるのは、ただ「わたしの子どもであり続けなさい」ということ、「わたしから離れないでいなさい」ということだけです。もし〝良い子〟だけをお求めであれば、人類などとっくの昔に滅んでいたことでしょう。良い子でないにもかかわらず救おうとしたからこそ、イエス・キリストを私たちのところにお遣わしなったのではありませんか。

まさに〝良い子〟であったはずのイエス・キリストが、泥にまみれ罪の世にまみれて、この世に降って来られたのです。それは、私たちを救うためでした。私たちのような者をご自分の子どもとするためでした。私たちを天国に入れるために、あえてご自分は死の世界にまで降るということをされたのです。これが、聖書の神さまがなさったことでした。

そうであるならば、この主イエスの福音に〝良い子〟は必要ありません。私たちの周りを見れば、クリスチャンになってもなお「良い子病」で苦しんでおられる方がいるのではないでしょうか。そして、今のキリスト教会において、この病から解放するような福音が毎日曜日語られているのか、ということを問わずにはいられません。これは牧師として、私自身、いつも自戒していることです。

◆現代の律法主義

毎日曜日、信徒の方たちはほんとうに疲れ切って教会にやって来られます。以前、私が牧会していた教会に、ミッションスクールで働いていた教会員がおられました。学校では毎日礼拝が行われる。キリスト教のことを毎日聞かされ、教えられる生活です。日曜日くらい勘弁してヨ、と言いたくなりますよね。しかし、日曜日にもちゃんと礼拝に来ておられました。そのようなときに大切なのは、学校ではなく、教会で何を聞くか、どのような恵みの体験をするか、だと思うのです。

教会は、イエス・キリストが「すべて疲れた人、重荷を負っている人」（マタイ一一・二八）を招いておられる場所です。主が、「サウロ、サウロ」とパウロを招かれたように、またルターを招かれたように、私たちもまたその主に招かれていると感じることができる礼拝、重荷を降ろすことのできる説教になっているかどうかを、考えなければなりません。

牧師は、講壇から話したいことがたくさんあります。もちろん、福音を語るのが一番の使命です。しかし、信徒のみなさんにもっと成長してもらいたい、もっと奉仕をしてもらいたい、もっと献金してもらいたいなどと思ってしまう。その思いは、牧師の心のうちに知らず知らずのうちに忍び込んできます。やがてこれが、現代におけるいわゆる「律法主義」となってしまう。あれやこれやをしていなければ、キリスト者と言えない、救われているとは言えない、という考え方です。

もちろん、信仰の実りとしての「良い行い」は大切です。私たちが喜んで、体も心も、時間もお金もささげることの大切さは言うまでもありません。しかし、そうしたいという元気はどこから出てくるのでしょうか。それは、自分がほんとうに神さまから愛されている、赦されていることを実感する、その喜びからしか出てこないものなのです。こんな出来の悪い私が、それでも天国のお父さんの子どもにしていただける。こんな者のために、イエスさまが命をかけてくださった。そのことが――ルターが感じたように――うれしくてうれしくてしかたがないと思う、その気持ちからしか出てこないものなのです。この福音の法則を、私たちは決して忘れてはいけません。

◆福音の中心とは

神学的なことから言うと、はたして「信仰義認」が福音の中心であると言うことができるか、という問題があります。少し専門的な内容になるので、ここでは詳述しませんが、近年では「義認」という言葉自体あまり耳にしなくなりました。むしろ、罪の赦し、魂のいやし、あるいは、全人的な救いというように言い換えることが多いのではないかと思います。たとえば、今日のような世界情勢の中においては、「和解」が福音の中心だと言うほうがよりふさわしいかもしれません。

実際、パウロはローマ人への手紙の中で、私たち罪人が神によって救われるという事柄を、じつにさまざまな言い方で説明しています。「義認」は、その説明のひとつにすぎません。その意味では、救いの本質を表すのは、かならずしも「信仰義認」だけではない。私たちと神さまとの関係を表す非常に豊かな言葉が、ほかにもたくさん聖書にはあるからです。

しかし、それにもかかわらず、〝ただ信仰のみ〟の原理は変わることがありません。私たち人間が、神の圧倒的な愛によって救われる。私たちは、それをただ受けとるしかできない。いえ、受けとるだけでよい。これが、聖書の福音の本質であることに変わりはありません。この喜びは、時代がいくら変わっても変わることのない真理なのです。

Ⅱ

ただ聖書のみ（Sola Scriptura）

けれどもあなたは、学んで確信したところにとどまっていなさい。あなたは自分がだれから学んだかを知っており、また、自分が幼いころから聖書に親しんできたことも知っているからです。聖書はあなたに知恵を与えて、キリスト・イエスに対する信仰による救いを受けさせることができます。

聖書はすべて神の霊感によるもので、教えと戒めと矯正と義の訓練のために有益です。神の人がすべての良い働きにふさわしく、十分に整えられた者となるためです。

（テモテへの手紙第二、三章一四～一七節）

「九十五箇条の提題」

一五一七年十月三十一日、マルティン・ルターがヴィッテンベルク城教会の門の扉に「九十五箇条の提題」を貼り出したことから宗教改革が始まったと、前章で述べました。では、ルターはなぜ「九十五箇条」をわざわざ貼り出したのでしょうか（実際に貼ったのかという歴史的事実はわかりませんが）。また、そこには何が書いてあったのでしょうか。

第一条には、こう記されていました。

「私たちの主であり師であるイエス・キリストが、『悔改めよ……』といわれたとき、彼は信者の全生活が悔改めであることを望まれたのである。」

（『原典宗教改革史』三四頁）

イエスさまが「悔い改めよ！」とおっしゃった。これは、福音書の初めに出てくる言葉です（たとえば、マタイ四・一七）。この言葉の意味は、信仰者の生涯にわたる悔い改めのことだと、ルターは第一条で主張したわけです。しかし、そもそもルターは、なぜこの「九十五箇条」を公にするに至ったのでしょうか。その経緯が何であったのか、また何を問題として取り上げたのかを最初にお話ししたいと思います。

◆免罪符

今日でもそうですが、カトリック教会の教会暦では、十一月一日は「諸聖人の日」とされていて、特に殉教者や聖人と呼ばれる人々のことを覚えてミサ（礼拝）をささげる日です。その日を前にして、ルターが問題にしたのは、カトリックの「煉獄《れんごく》」という教理でした。

ご存じのように、カトリックでは亡くなった人々は一旦「煉獄」という所に行くことを教えています。ストレートに天国に行くことができるのは、殉教者や聖人と呼ばれる完全に聖められた人たちだけでした。私たちのような普通の信仰者は、かならず煉獄に行き、自分のうちに残る罪が完全に清められないと天国に行くことができない、と教えられていたのです。

問題は、その煉獄にいる期間でした。いったいどれくらい苦しまなければならないのか、人々にはわからなかったのです。もしかしたら短いかもしれないし、何千年にわたるかもしれない！　じつに曖昧な教理でした。そこで人々は、先に召された家族や友人たちが煉獄であまり苦しまずに早く天国に行けるようにと、熱心な祈りと善行を行っていたわけです。しかし、何といっても、そんな自分たちの祈りよりも教会に祈ってもらったほうが効き目があるに違いありません。それで、人々は教会にとりなしてもらえるようにと、一生懸命願ったのです。

そんなときです。人々のこのような信仰を逆手にとって、教会堂建築の資金集めのために、免罪符（贖有状）を売りつける説教者が現れました。

「お前さんがたは、大声で叫んでいる死んだ両親やそのほかの人々の声が聞えませぬか。彼らはいってますぞ。『憐れみを掛けておくれ、わしらに憐れみを掛けておくれ、神の御手がわしらに触れられたのだから。わしらは重い罰と苦しみを受けている。お前たちはわずかの慈善でわしらをそれから救うことができるのに、そうしようとはしない』と。……『お前さんがたは贖宥状〈免罪符のこと〉を手に入れることができるのですぞ。お前さんがたは、その力によって、存命中であろうと死の瞬間であろうと、そして一度きりと特記されていない場合には何度でも、罪の報いである罰の完全な赦しを得られるのですぞ。」

（『原典宗教改革史』三〇頁）

人々の不安な心理を利用して商売をする。いつの時代にもある悪徳商法です。ルターは、「それは教会の教えと違う」と九十五箇条で指摘します。魂の救いは神の領域であって、教皇であれ、教会であれ、亡くなった人の魂を左右することはできない。それが教会の教えではなかったか、と問うたのです。

◆悔い改めよ！

そもそも、なぜこのような変な教えが教会に入り込んできたのでしょうか。そのヒントとなるのが、先に引用した「九十五箇条」の第一条です。主イエスが「悔い改めよ！」とおっしゃったとき、それは生涯の悔い改めを意味している、という箇条です。

イエスさまが言われた「悔い改めよ」という言葉は、当時のラテン語聖書では「ペニテンティアをなせ」となっていました。この「ペニテンティア」という言葉は、「懺悔（告解）」の秘蹟（礼典）を意味するラテン語でした。つまり、当時のローマ・カトリック教会では、このラテン語聖書に基づき、イエスさまは「懺悔（の秘蹟）をなせ！」と命じておられると理解されていたわけです。ところが、この秘蹟は、人々の罪に対して教会が赦しを宣言する儀式であったため、やがて教会があたかも人々の運命を左右するかのように誤解されるようになったのです。

当時、一般の司祭は、原語で聖書を読むことは許されていませんでした。大学の教授になってはじめて、ギリシア語とヘブル語で聖書を読むことが許されたのです。

修道士であると同時に大学の教授にもなったルターは、ギリシア語で聖書を読み始めてまもなく、イエスさまがおっしゃった「悔い改めよ！」のギリシア語の意味が、ラテン語とは違うことに気づきます。元のギリシア語は、心を神さまに向けることを意味しており、決して懺悔の儀式をせよと命じているわけではないと気づくのです。

ですから、あの第一条は二重の意味で、ルターの一つの転換期を表す条文になっていると言えるでしょう。何よりも、イエスさまの言葉の意味をギリシア語聖書から再発見したこと。そうして次に、教会の伝統的教理は、聖書の教えに基づいて解釈されなければならないという順序です。

ルターはこのとき、自分の立場をカトリック教会や教皇は当然支持してくれるだろうと信じて疑いませんでした。「あんな変な教えを語っている者を、教会も教皇も正してくれるだろう」と思っていたのです。ところが、その期待は見事に裏切られました。ルターは一方的に教会から弾劾を受け、破門されてしまったのです。

ここに至ってはじめてルターは、教会自体が何かおかしなことになっていると気づきます。聖書に、そして教会の伝統的な教えに基づいて、自分は理路整然と論証したはずなのに、なぜそれが支持されなかったのか？　聖書にも教会の伝統にもない勝手な教えを、なぜ教会は擁護するのか？　何かがおかしい！　それはまさに、教会の権威が、聖書の権威の前に崩れていく瞬間でした。

「ただ聖書のみ」

◆聖書の権威とは？

プロテスタントの福音主義信仰の要となる「ただ聖書のみ」という教えは、最初から主張されていたわけではありませんでした。先に述べましたように、ルターの確信として最初からあったわけではかならずしもないのです。教会がおかしくなっていることに気づき始め、当時のカトリック教会と対峙する中で、はっきりさせなければいけない一つの大きな主張になっていった、ということです。

ルターが当時書いた説教の言葉を引用します。

「キリスト教会は神の下男・下女である。神の言葉また命令であると認識していること以外に耳を傾けないし、従いもしない。しかし、我々の敵（当時のカトリック教会のこと）は〝キリスト教会〟というもっともらしい名の下に、神の言葉を否定し、自分に従わせようとする。」

（マタイ一二・四六～五〇の説教、一五二八年）

キリストの教会であるならば、キリストの言葉に服従しなければいけないのであって、その逆ではない。そうでなければ、もはや「キリストの教会」という名に値しないと、ルターは当時の教会を激しく批判しました。

ルターが起草した「シュマルカルデン条項」（一五三七年）という文書には、次のように書いてあります。

「神の言葉が、教会の教えと信仰告白を確立する。それは天使であっても覆すことはできない。」

天使ですら神の言葉を覆せないのなら、ましてこの世の人間が神の言葉を覆すことなどあってはならない。ルターは、この強い主張を信仰の箇条としました。教皇が西方教会の全権を握っていた当時、教皇も教会会議も最終的な権威ではなく、キリストの教会における一切の権威は聖書の権威に服すべきであるという革命的な主張が、「ただ聖書のみ」の意味するところだったのです。

◆聖書の解釈の必要性

この主張は十分明確であり、根本的に重要な主張です。しかし、今日においては、その本来の意味を正確に伝えるために、もう少し説明が必要ではないかと思います。

まず理解していただきたいことは、「ただ聖書のみ」とは、それまでのキリスト教伝統すべてを否定し、ただ聖書だけを読んでいればよい、私たちの信仰には聖書だけあればよい、という主張ではないことです。聖書は、かならず解釈されなければばならない文書だからです。

およそ文書を土台とするためには、かならず解釈が伴います。そして、そこには正しい文書の読み方と間違った読み方とが出てきます。教会もまた、そのような歴史をたどって、教会にとって何が大切な聖書の理解かという〝伝統〟を生み出してきたのです。これが教会の信仰——信仰告白や信条と呼ばれるもの——にまとめられました。これを無視しては、キリストの教会は成り立ちません。

聖書だけを持っていれば教会が成り立つというのは、幻想です。なぜなら、サタンもまた聖書を使うからです。そうではなく、聖書を正しく解釈することがあってはじめて、教会は成り立つのです。その意味で、「ただ聖書のみ」という主張は、決してキリスト教の伝統をすべて否定するものではないことを、理解していただきたいと思います。

カトリック教会は、聖書が神の言葉であることを決して否定していません。カトリック教会でも聖書は神の言葉であることを認めていますが、この聖書が〝唯一の権威〟であるとの主張には同意しないのです。つまり、聖書という文書は解釈されてはじめて意味があるのであって、その解釈なしに文章そのものに権威があるのはおかしいとして、聖書と伝統、この二つを重んじる立場をとってきたからです。言い換えれば、この聖書を解釈する〝教会の権威〟を重んじてきたということです。

しかし、このカトリックの立場には、ひとつの矛盾があります。結局のところ、解釈は人間がするため、当然誤りが入り込むからです。誤りが入り込む人間の解釈に権威を置くと、聖書の権威と人間の権威が逆転することが起きてしまうのです。宗教改革者たちが主張したとおり、「聖書のみ」に権威があると言わなければ、かならず人間の誤りが力を持ってしまうことが起こり得る。だからこそ、「ただ聖書のみ」と言わねばならないと、私は思っています。これが、プロテスタント信仰の「形式原理」と呼ばれるものです。

くり返しになりますが、聖書という書物は、書物そのものに聖なる力があって、畏れおおくて触れてはいけないようなものではありません。そうではなくて、この聖書に記されている言葉を通して神がお語りになり、お働きになるのです。つまり、神さまから独立して、聖書そのものに権威があるのではありません。もはやさまざまな（自然を通しての）啓示を理解できなくなってしまった人間のために、文書によって神ご自身が教えてくださるために生み出されたのが、聖書という書物です。聖書は、神さまが用いてご自分のみこころをお示しになり、救いのみわざを成し遂げてくださるかぎりにおいて権威を持つ書物なのです。

「聖書はあなたに知恵を与えて、キリスト・イエスに対する信仰による救いを受けさせることができます。」（Ⅱテモテ三・一五）

まさにこのことゆえに、聖書には権威があります。この聖書以外に、私たちに救いの道を指し示す言葉はない。この聖書の中に神の救いの言葉があり、イエス・キリストを指し示す言葉があるのであって、それゆえにこそ聖書は権威を持っていることを、しっかりと理解したいと思います。

「聖書」の歴史

私は神学校で、新約聖書と古代教会の歴史を教えていますが、聖書をめぐる歴史は決して単純なものではありません。私たちは聖書を大切にしているわりには、その歴史についてあまりよく知りません。知らないがために、勝手に自分の中で思い込んでしまっていることが結構あるのではないかと思います。しかし、歴史を学んでいくと、この神さまの言葉がたどった歴史が、じつに不思議なものであることがわかってきます。

「聖書はすべて神の霊感によるもので、教えと戒めと矯正と義の訓練のために有益です。」
（Ⅱテモテ三・一六）

聖書が神の霊感を持つ（神の霊によって生み出された）ということが、私たちの信仰です。しかし、みなさんもご存じのとおり、このテモテへの手紙第二、三章でパウロが言っている「聖書」とは、正確に言えば旧約聖書のことであり、新約聖書のことではありません。この時点で、新約聖書は書物としては存在していなかったからです。このことを私たちはどれくらい自覚して、理解しているでしょうか。

◆イエス時代の「聖書」

イエスさまが復活後、エマオに行く弟子たちに近づいて、「歩きながらふたりで話し合っているその話は、何のことですか」と尋ねました。ふたりが、メシアだと期待をしていたナザレのイエスが殺されてしまったと嘆きながら伝えると、イエスさまは道々この弟子たちに「聖書」全体にわたって話し始めます。

さらに、驚きあやしんでいた他の弟子たちみんなにご自分の姿を現したときに、イエスはこのようにもおっしゃいました。

「わたしがまだあなたがたと一緒にいたころ、あなたがたに話したことばはこうです。わたしについて、モーセの律法と預言者たちの書と詩篇に書いてあることは、すべて成就しなければなりません。」（ルカ二四・四四）

「モーセの律法と預言者たちの書と詩篇」は、当時のヘブル語聖書（旧約聖書）の区分です。つまり、「わたしについて旧約聖書に書いてあることは、かならず成就する」とイエスさまは言っておられるのです（ヨハネ五・三九も参照）。

さて、問題です。初代教会はイエスさまの聖霊を受けて、「あなたがたは行って、あらゆる国の人々を弟子としなさい」（マタイ二八・一九）との宣教命令の下、福音宣教に旅立って行きましたが、このとき弟子たちが携えて行った「聖書」は何だったでしょうか。そう、旧約聖書です。イエス・キリストの福音宣教も、初代教会の礼拝も、旧約聖書でなされていたのです。「新約聖書」という文書は、当時、まだ存在していませんでした。初代教会は旧約聖書によって礼拝をしていたのです。さらに言えば、特に異邦人教会では、旧約聖書という書物を全員が持っていたわけでもありませんでした。そのような状況の中で、キリストの民が福音によって生み出され、キリスト教の礼拝がなされていたのです。

私が奉仕をしている日本キリスト改革派教会は、「ウェストミンスター信仰告白」を教会の信条として採用している教会です。その第一章は、聖書について大変詳しく記されています。そこに、聖書六十六巻すべてのリストをあげ、「これらが私たちの信仰と生活の唯一の基準である」と明言されています。この主張自体は、全く正しい。まさに私たちプロテスタント教会の土台となる告白であることは間違いありません。

しかし、同時に、この告白の文章はちょっと困ったな、といつも思います。学生たちにもこのように問いかけています。「みなさんは、聖書が六十六巻ないとキリスト教会とは言えない、と思いますか?」 すると、学生たちはみな「なんで当たり前なことを聞くんだ」という顔をします。「それでは……」と続けて尋ねます。「新約聖書を持っていなかった初代教会は、キリスト教会ではなかったのでしょうか」と。

新約聖書の二十七巻が定まり、聖書の正典が最終的に決定されるのは四世紀の話です。それまでの四百年もの間、キリスト教会は、今日私たちが持っているような「聖書」という書物を持っていませんでした。私たちは、この事実をあまり真剣に考えてこなかったのではないでしょうか。「聖書」を持たないキリスト教会の信仰とは、いったい何でしょうか。「聖書」は、六十六巻ないといけないのでしょうか。

◆福音と「聖書」

初代教会の時代、使徒たちは旧約聖書だけで伝道しました。あるいは、聖書という文書さえ持っていなかったかもしれません。しかし、考えてみてください。今日でも、世界の宣教地に行く宣教師たちは、かならずしも現地語に訳された聖書を六十六巻すべて持っているわけではありません。「聖書」がない場所に、しかし〝福音〟を携えて行くのです。まだ言語が確立していない、文字さえ持たない民族に伝道しに行くのです。それを福音宣教ではないという人はいないでしょう。「聖書」がないからキリスト教の宣教ではないと思う人もいないでしょう。なぜでしょうか。そこに、〝福音〟があるからです。

キリストの教会とは、キリストの〝福音〟によって生み出された神の民のことです。その〝福音〟が、いかに確固たる歴史と豊かな内容を持っているのかを証したものが、旧約聖書の三十九巻の文章です。そして、その確信に聖霊によって導かれた使徒たちによって書き記され、やがて旧約聖書と同じ権威を持つ文章として礼拝の中で読まれるようになった文書、それが新約聖書なのです。したがって、新約聖書の中心は、あくまでもキリストの福音であり、その福音はすでに旧約聖書の中に（隠されてはいましたが）存在していたものなのです。

このように、今日、私たちが信仰と生活の基準としている六十六巻の聖書は、最初から整っていたわけではないことを知っておく必要があります。非常にダイナミックな神さまの歴史の中で、神のみことばは生み出され、そして集められてきたのです。決して最初から六十六巻があったわけではありません。このことを心にとめておかないと、聖書の読み方を間違ってしまうことになります。

〝異端〟と呼ばれる人々は、かならず聖書を使います。聖書を使わない異端はありません。使わないとすれば、それは〝異教〟です。異端とは、聖書を使いながら、しかも誤った解釈をする人たちのことです。では、なぜ同じ聖書を使いながら、彼らの解釈は間違っていて、私たちキリスト教会は正しいと言えるのでしょうか。

そこに関わってくるのが、教会が初めのときから継承してきた信仰の伝統です。それを受け継いでいるか、受け継いでいないかの違いです。古代教会がさまざまな異端と戦ったとき、当時の教会指導者たちは、「われわれは主イエスから受け継いだ伝統を持っている」と言いました。「聖書を持っている」とは言いません。異端も聖書を持っているからです。けれども、異端と大きく異なるのは、主イエスから、また使徒たちから脈々と継承されてきた福音に基づく信仰の伝統があるというところなのです。ですから、私たちプロテスタントも〝教会の信仰（伝統）〟を決して軽んじてはいけません。それを軽んじて自己流の聖書解釈に陥るとき、かならず異端が起こってくるからです。これが、教会の歴史の事実です。

◆外　典

少々横道にそれますが、聖書の正典についてお話ししましたので、いわゆる「外典」と呼ばれる書物についても知っておいていただきたいことがあります。なぜなら、キリスト教会の歴史の中で、外典と呼ばれる書物もまた、ずっと大切にされてきたからです。ご存じのように、旧約聖書が紀元前三世紀ごろに、ヘブル語からギリシア語に訳されたとき、いわゆる「七十人訳」と呼ばれるギリシア語訳の中に、私たちが知っている旧約聖書の書物以外の書物も入れられていました。これらが「外典」と呼ばれている書物です。それらは、イエスさまがお生まれになるはるか以前のことですから、当然、新約時代のユダヤ人たちは知っていました。イエスさまも弟子たちも読んだことがあったと思います。パウロはもちろん知っていました。

さらに、新約聖書の中に引用されている旧約からの引用には、この「七十人訳」からのものがたくさんあります。最近の研究者たちは、とりわけ新約聖書の書簡の中に、「外典」への言及や示唆をも多く見いだしています。この外典がどのようにキリスト教の伝統の中に入り、用いられていったのかは、さらに研究が進まないとわかりませんが、主としてギリシア語を話していた初代のキリスト教会が、ギリシア語旧約聖書とともに、この外典を受け継いだことは確実です（外典の写本は、キリスト教会が保持してきたからです）。

そして、やがて旧約聖書がラテン語に訳されますと（ウルガタ訳聖書）、その中に外典も入れられました。こうしてキリスト教会の伝統は、外典を含んだ聖書によって作られてきたのです。ルターは、聖書をドイツ語に翻訳してはじめて、ヘブル語旧約聖書には外典が含まれていないことに気づきましたが、それを除去することなく旧約聖書と新約聖書の間に入れることにしました。

じつは、宗教改革者たちも、その著作の中で外典を何度も引用しています。大切な教理を論じるときには基本的に用いないのですが、幅広く議論をするときにはかならずと言ってよいほど言及されます。実際、カルヴァンが活躍したジュネーヴで、英語の翻訳聖書（ジュネーヴ・バイブル）を作ったときにも、外典は排除しませんでした。

したがって、外典は、信仰と生活の「基準」にはしませんでしたが、実際の信仰生活の中で信徒たちが外典の物語などをよく知っていたことは、覚えておいてもらいたいと思います。今日、外典が入った聖書を使うのがいいかどうかは、別問題です。しかし、決して「外典」は〝悪者〟なのではない、ということを覚えていただきたいと思います。

「ただ聖書のみ」の今日的意義

◆聖書を〝生きた言葉〟に

「ただ聖書のみ」は、私たちが聖書を神棚に置いて拝んだり、文書そのものを崇拝したりすることではないと、先述しました。神の言葉は開かれ、読まれ、語られなければならない。すなわち〝生きた言葉〟になる必要があります。実際にみことばが解き明かされることが、どうしても必要なのです。

「使徒の働き」の有名な箇所で、ピリポがエチオピアの宦官に伝道する記事があります。

「そこでピリポが走って行くと、預言者イザヤの書を読んでいるのが聞こえたので、『あなたは、読んでいることが分かりますか』と言った。するとその人は、『導いてくれる人がいなければ、どうして分かるでしょうか』と答えた。そして、馬車に乗って一緒に座るよう、ピリポに頼んだ。」

（八・三〇〜三一）

その後、ピリポは開かれていたイザヤ書五三章を解き明かし、イエス・キリストの福音を伝えて、宦官は信仰を持つに至ります。このように、聖書は解き明かされることにより、神の言葉がさらに輝きを増し、力を増し、人々の心を動かすのです。「ただ聖書のみ」という標語は、聖書が私たちの最終的権威であることを明らかにした、非常にインパクトの強い言葉です。けれども、それを金科玉条のように言うだけでは意味がありません。聖書をどう解き明かすことができるのか、解釈することができるのか、聖書的な説教とは何なのかということを突き詰めていかなければ、真の意味での聖書の権威を理解することも、主張することも、まして実感することも難しいからです。

◆信仰の伝統の重要性

聖書を正しく深く理解するためには、さまざまな手引書や信仰書も必要でしょう。先ほどのピリポのように「導く人」が必要なのです。そのことは別の言葉で言うと、聖書の理解のためには、教会の歴史の中で脈々と受け継がれてきた信仰の伝統が必要だということです。それは、原語による歴史的・文献的な聖書理解の重要性を主張した宗教改革者たちも同じでした。彼らは、聖書を原語で厳密に研究すると同時に、古来から受け継いできた信仰の伝統、とりわけ「使徒信条」や「主の祈り」や「十戒」を大切にし、それらの簡単な解説書（カテキズム）をたくさん作りました。こうして、信徒教育を徹底しました。使徒信条、主の祈り、十戒は、ある意味でイエス・キリストの福音理解の枠組みを形づくるものだからです。みことばの説教をするほうも、聞くほうも、この枠組みを頭に入れることによって、聖書の理解が正確かつ豊かにされていくことを体験によって知っていました。

今日、神の言葉の説教が、かならずしもしっかりとした教会形成に結びつかない原因の一つは、語るほうも聞くほうも、基本的な教理的枠組みを持っていないことではないかと思います。聖書という書物は、聖霊に導かれてきた教会の伝統を踏まえてこそ、正しく力強い言葉として教会を建て上げるものとなるからです。

◆聖書と聖霊の関係

もう一つ、今日の課題として重要な事柄は、聖書と聖霊との関係です。「ただ聖書のみ」との主張は、じつは「ただ聖霊のみ」という主張に言い換えることもできるのです。何よりも、聖書そのものが聖霊によって生み出されたからです。

「聖書はすべて神の霊感によるもので、教えと戒めと矯正と義の訓練のために有益です。」（Ⅱテモテ三・一六）

この箇所にある「神の霊感によるもの」とは、ギリシア語ではたった一語の単語「セオプニューストス」です。この言葉は、「神」と「息吹く」という単語が合体したものです。そのように神の息吹によって生み出された書物は、同じ神さまの霊にようなければ、その言葉を正しく理解することも、解釈することも、服従することもできません。私たちが、聖書の言葉の中に神の御声を聞きとり、この言葉は確かに神の言葉だとの信仰の確信に至るのは、聖霊の導きなくして人間には起こり得ないことです。そして、このみことばに生きようという信仰の服従が生まれるのもまた、すべて聖霊の働きなのです。

その意味で、「ただ聖書のみ」とは、まさにこのみことばを生み出した「ただ聖霊の力によるのみ」と同じことです。さらに言えば、「ただ聖書のみ」「ただ聖霊のみ」という主張は、究極的には「ただ神の権威のみ」ということなのです。地上にある一切の権威は、人間の権威にではなく、神の権威、神の言葉の権威、神の働き（聖霊）の権威の下に服さなくてはいけない。これが、改革者たちの「ただ聖書のみ」の主張の真意です。

この聖霊の導きの下で、説教者は、聴衆の心に何とかして神の言葉が届くように祈り、懸命に準備し、正確かつ大胆に神のメッセージを語ろうと努力します。しかし、その神の言葉をひとりひとりに確実に届けるのは、聖霊のみわざであるとしか言いようがありません。

この宗教改革者たちの確信に照らしたとき、今日の教会が抱えている問題や課題はどのように見えてくるでしょうか。

現代を生きる私たちと「聖書」

◆今日、教会の権威はどこにあるのか？

とりわけ福音信仰に立つ教会は、この教会の権威について何度も確認しなければいけないと思います。みなさんの教会の中で、実際に力を持っているのは何かということです。「形式的に」とか「建て前上は」ではなく、「実際に」というのが重要です。ルターの時代にも、神の言葉に権威はあると、建て前上は言われていました。しかし、聖書以上に、実際に力を持っていたのは教皇であり、教会でした。

それでは、今日の私たちの教会の中で、実際に力を持っているのは何でしょうか。もしかしたら、牧師が聖書以上に力を持っているかもしれません。あるいは、教会に人がたくさん集まらなければ意味がない、献金が集まらなければ意味がないといった〝市場原理〟が力を持ち、教会の運営を左右していないでしょうか。あるいはまた、教会に集った方々を喜ばせるために、礼拝がエンタテーメント化し、それが教会を動かす力になっていないでしょうか。

もしそうであるならば、私たちは最初に記したルターの言葉に耳を傾けなくてはなりません。「〝キリスト教会〟というもっともらしい名の下に、神の言葉を否定し、自分に従わせようとする。」それは、キリスト教会という名に値しないとのルターの厳しい言葉を、私たちはいつも肝に銘じなくてはいけないと思います。

神の言葉を理解する（under-stand）とは、神の言葉の下に立つことだと言われます。まさにそのとおりだと思います。人間ですから、かならず間違えます。ですから、私たちは誤る可能性があることを自戒しつつ、謙遜に、絶えず神の言葉の下に立ち続けなければなりません。「あなたのみことばを、正しく理解し、正しく語り、そしてそれに心から従うことができますように」と祈りながら歩むのです。

キリストの教会の真ん中には、この生ける神の言葉の権威がある！　この思いを、いつも新たにしていきたいと思います。

◆書物としての「聖書」の力

聖書は解き明かさなければならないと、くり返しお話ししてきました。けれども、教会の歴史を見ると、非常に興味深いことに、「聖書」という書物そのものによって救いに導かれた例がたくさんあるのです。これは、きわめて例外的なことかもしれませんが、解き明かす人がいなくても、その人の限られた読み方かもしれませんが、文書そのものによって（もちろん聖霊のお働きをとおして）救いに導かれることが起こり得ることも申し添えておきたいと思います。

私は、捨てられていた、たった一枚のトラクトをきっかけに救いに導かれました。未信者の家に育った私は、教会も知らなければ、クリスチャンの知り合いもいない、聖書を読んだこともありませんでした。けれども、隣町の高校に自転車で通学していたときに、ある朝、だれかが校門で小さな文書を配っているのを見かけました。自転車通学だった私は、それをもらうことができないまま教室に入りました。すると――想像に難くないと思いますが――、教室のゴミ箱に山のようにその文書が捨てられていたのです。私は何なのか気になっていたので、ゴミ箱から一枚取ってみると、聖書の無料通信講座の案内トラクトでした。

聖書がキリスト教の書物であることくらいは知っていました。「そんなものが無料で学べるのか」と、何気なくポケットに入れて帰りました。そして、家族にも友人にも内緒で、聖書の通信講座を始めたのでした。そして、私は信仰に導かれました。もちろん、通信講座を通して、聖書の教えの手引きをしていただいたわけですが、きっかけはたった一枚の捨てられていたトラクトでした。

神さまは、ほんとうに不思議なことをなさいます。人を介さずに、「聖書」という書物そのものによって救われる人がいるのです。聖書の言葉に接して、この世のどこにも見いだすことができない言葉を見て、読んで、心を動かされる人がほんとうに起こされるのです。これはまさに聖霊の業です。聖書は、聖書だけで力を持つ。そういう面も確かにあることを覚えたいと思います。そして、この神の言葉を広めるために、聖書の翻訳事業・出版事業のために祈り、ささげ、支えていきたいと願うのです。

◆神の言葉だけが良心を左右する

プロテスタントの信仰、とりわけルターの信仰は、人間の良心の自由を高らかに主張した信仰でもありました。「ただ聖書のみ」というスローガンは、同時に人間の良心を教会の束縛から解放した主張でもあったのです。教会の上からの権力に屈しない。われわれ人間の良心はただ神の言葉のみに結ばれている、と人間の良心の自由を宣言したのでした。

教会にも、さまざまな人間の思惑があります。そして、人間は過ちを犯しますが、過ちを犯しているにもかかわらず、その人の言葉によって左右されることが時として起こります。しかし、教会においても、この世においても、キリスト者は、あらゆるしがらみや価値観から、究極的には自由です。私たちひとりひとりの心は、神の言葉にだけ結び合わされているからです。神以外の声、そのほかの一切のしがらみに、私たちは捕らわれる必要はないのです。

ルターは、ヴォルムスの帝国議会に召喚され、自らが書いた文書が間違っていたことを認めるようにと迫られました。居並ぶ国家権力者・教会の権力者たちの前で、ルターはただ一人、弁明をしなければなりませんでした。このときのルターの演説の最後の言葉は有名です。

「皇帝陛下ならびに諸侯がたは簡潔な答えを要求されます。それでは簡潔に、ありのままをお答えいたします。(教皇や会議の、あの裏付けのない権威はしばしば誤り、自己矛盾を示してきたことは明白であるため、わたしはこれらを信用しませんから。)　聖書の証によってわたしの誤りを証明され、あるいは明瞭な推論によって、わたしがそれに訴えた聖書から有罪を宣告され、わたしの良心が神の言によってとらえられない限り、わたしは何事も取り消すことはできませんし、またそのようにはいたしません。なぜなら良心に反して行動するのは、われわれにとって安全でもなく、なすべきことでもないからです。

わたしは、断乎としてここに立つものです。それ以外のことはできません。

神よ、わたしを助けたまえ。アーメン。」

（ベッテンソン編『キリスト教文書資料集』二九〇頁。一部修正）

〝我ここに立つ！〟それは、ヴォルムスの帝国議会という場所に立つということではありません。私は、この〝神の言葉〟に立つ。それしか私にはできない、とルターは言ったのです。

二〇一七年に、国会で組織的犯罪処罰法（いわゆる共謀罪法）が可決しました。人間の心の中を国家権力が公的に踏み込むことが、合法化されました。国民ひとりひとりの心の中が、国家にさらけ出される。そういうことが、この国において現実となりました。これから私たちが生きるのは、この世の力を持つ者が私たちの心の中に踏み込んでくる、そういう時代です。その中にあって、私たちはどのような信仰の歩みをなし、教会の宣教がどのように行われていくのか、まったく予想もできません。

だからこそ、私たちは今、ルターが語った言葉を肝に銘じなくてはいけないと思うのです。私たちの心がどこに結びついているのか、何によって心が支配されなくてはいけないのか、ということです。

神の言葉にのみ、私の心はつながれている。だから、自らの発言を取り消すことはできないし、取り消そうとも思わない。私はここに立つ！　ルターのこの証しを、私たちひとりひとりの言葉とすること。それが問われています。

「ただ聖書のみ」。なぜ、私たちはこの神の言葉に立ち続けるのでしょうか。なぜそこに立ち続けなければならないのでしょうか。それは、この言葉だけが、私たち人間を救うことのできる言葉だからです。この言葉だけが、時代や世界は変わろうとも、永遠に変わることのない神の言葉だからであります。

Ⅲ　ただ恩恵のみ（Sola Gratia）

しかし、あわれみ豊かな神は、私たちを愛してくださったその大きな愛のゆえに、背きの中に死んでいた私たちを、キリストとともに生かしてくださいました。あなたがたが救われたのは恵みによるのです。神はまた、キリスト・イエスにあって、私たちをともによみがえらせ、ともに天上に座らせてくださいました。

（エペソ人への手紙二章四〜六節）

「恩恵」とは

◆『バベットの晩餐会』

映画好きの私は、これまでいろんな映画を観てきましたが、その中でも最も好きな映画の一つが『バベットの晩餐会』というデンマークの映画です。北ヨーロッパは、ほとんどがルター派、特にルター派の敬虔主義が大きな影響を与えた地域です。この映画の舞台は、デンマークの先端のユトランドという地域で、敬虔主義の伝統の中でまじめに暮らすルター派の小さな集落です。そこに、厳格なルター派の牧師と二人の美しい娘たち、そして村人たちが、小さい集落ながらも一生懸命みことばとルターの教えに従って生活をしていました、というところから物語は始まります。

娘たちは、ふたりともとても美しかったので、結婚などさまざまなチャンスがありましたが、牧師である父の反対もあって、この世の幸せを犠牲にして主に仕える道を選びます。やがてその牧師が亡くなります。父親亡き後、娘たちが小さい共同体を守っていくことになります。父親の教えに従い、厳しく、つつましい生活を維持しようと懸命に努力しました。ところが村人たちがだんだん年を取るにつれ、いろいろなことに不平不満をこぼすようになってくるのです。

すでに中年にさしかかった娘たちは、高齢になった村人たちの給食を作るのですが、とにかく贅沢をしてはいけないという教えを守るため、質素なものしか出しません。そのおいしくない料理を、村人たちは苦々しい顔をしながら食べます。このようにくり返される暮らしが、少しずつ人々の生活に影を落としていきました。

あるとき、フランスの動乱の中で家族を失ったひとりの女性が、この小さな集落に逃げて来ます。バベットという名のその女性は、娘たちのひとりの知り合いからの紹介状を持っていたからです。もちろん、娘たちはこのフランス人女性を引き取りますが、彼女はデンマーク語も話せず、素性もわかりません。しかし、料理はできることがわかったので、娘たちや村人の給食を担当するようになり、村人たちはバベットの給食をとても喜ぶようになります。

やがて、牧師の生誕百周年がやってくるということで、ささやかな記念会を開くことを計画します。そんなおりに、バベットは宝くじを当てて、多額の賞金を手にします。そして、その記念会のための晩餐会をフランス料理で作らせてほしいと嘆願するのです。しかし、ふたりの娘たちは、つつましく質素に暮らすことが自分たちのモットーだから、そのような贅沢はしてはいけないと言います。しかし結局、バベットの熱意に負けて、料理を任せることになります。記念会の準備のために、次から次へと運ばれて来る得体の知れない食材の数々に、娘たちは「これはサタンの誘惑かもしれない。バベットが作る豪勢な料理を絶対に喜んではいけない、おいしいと思ってはならない」と村人たちを諭し、村人たちもまた日頃のいがみ合いをやめて、一致団結して、苦虫をかみつぶすような顔をして食べようと、記念会の晩餐に臨むのです。

当日、人々の目の前に用意されたのは、とびきり豪勢な一流のフランス料理でした。村人たちは申し合わせたとおり、絶対に「おいしい」とは言いませんでした。しかし、やがて食事が進んでいくにつれ、人々の心に変化が生まれてきます。

人々は、そのとびきりおいしい料理を食べ、一流のフランスワインを飲みながら歓談していく中で、少しずつ心がほぐれていきます。そして、昔の懐かしい思い出、牧師が生きていたときの麗しい信仰生活、喜びに満ちた教会生活の思い出を語り合います。長い間、反目し合っていた村人同士が、「あのときは悪かった」「いやあ、そんなことはもういいんだ。赦し合いなさいと牧師先生はおっしゃったものだ」と語り合い、人々の間に和やかな、そして愛と喜びに満ちた空気が流れ、食卓を包んでいきます。そして、この世の幸いをあきらめたふたりの姉妹たちにも、失ったものを回復するささやかな喜びが訪れるのです。

晩餐会は終わりました。人々は一言も「おいしい」とは口にしませんでした。しかし、みんなが幸せな気持ちになり、そして、外の冷たい空気の中で輪になって天を仰ぎ、心をひとつにして神さまをほめたたえるのでした。

私は、この『バベットの晩餐会』は、まさにルターが見いだした神の恩恵とは何かということが、豊かに描かれている映画ではないかと思うのです。神さまの恵みとは、私たちの心も体もまるごとに幸せにするものだということです。

厳格につつましく生きることは、悪いことではありません。むしろ、時に大切なことでしょう。しかし、この世界をお造りになった天の父がどれほど私たち人間を愛しておられるのかを知ったとき、すべての人生の味わいは幸せな味に変わっていくのだと思います。

イエスさまが罪人たちとの食事を楽しまれ、「神の国とはこのようなものだ」とおっしゃったように、神さまとともに生きる人生を感謝しつつ喜び楽しむこともまた、信仰の大切なあり方だということ、また、それらふたつの生き方双方を真に豊かなものにするのは愛に満ちた〝恵み〟なのだということを、この映画は教えてくれるように思うのです。バベットは宝くじの賞金を、自分が故郷に帰るために残すことをせず、この村人たちの一夜の晩餐会のためにすべて使い尽くしてしまったのでした。ナルドの香油のように！

この章で取り上げる「ただ恩恵のみ！」とは、まさに私たちのためにすべてをささげ尽くしてくださった神の恵みについてです。

◆ルターが見いだした「神の恵み」

ルターは、神の恵みについて、たくさんの言葉を残しています。

「試みの時に、天地のあらゆる助けを廃して、ただ恵みによって罪の赦しと神との平和を得ていると確信するのは困難である。しかし、それにもかかわらず、この恵みを通して、キリストにおいて約束された罪の赦しを得ること以外に、私たちの良心は平安と喜びを得ることはできない……。私たちが〝恵み〟という言葉を聴き、それに堅くまた忠実にすがることによってのみ、私たちの良心は、確かな平安を見出すであろう。」

（ガラテヤ書一・三講解、一五三五年）

「試みの時」には藁《わら》にもすがりたい思いですから、具体的な助けがほしいものです。「あなたのために祈っています。」この言葉は、もちろん大きな励ましになるでしょうが、それでもそこに実際的な助けがほしいというのが人間の心情ではないでしょうか。

ルターもそのことを認めて、「ただ恵みによって罪の赦しと神との平和を得ていると確信するのは困難である」と言います。それにもかかわらず、目の前にあるさまざまな助けは一時は役に立つかもしれないが、私たちがゆるがない平安を見いだすのは、神の恵みにすがるときだけだとルターは語るのです。

ルターの言う「恵み」について、もっと具体的に語っているのが次の言葉です。

「神の恵みは、まるで夢見る説教者のお伽噺のように魂の中で眠っているのではない……。恵みは、私たちに耳を傾け、私たちを導き、動かし、変わらせる。人の中にすべてを働かせ、感じさせ、経験させるものである。」

（テトスへの手紙三章四〜八節からの説教、一五二二年）

これは、とてもルターらしい言い方だと、私は興味深く思います。聖書では、いろいろな種類の恵みがあることを教えています。しかし、ここでルターが言っている「恵み」は、私たちの心の中に働きかけ、私たちの心をつかみ取るようにして導き、動かし、やがて私たち自身を変えていくという、動きのある「恵み」です。とりわけ、私たちをイエス・キリストの救いに向かって働かせ、動かし、感じさせ、経験させていくもの。そして、神の救いにとどまらせ、またそこから力強く動き出させる。これが、ルターの言う「恵み」なのです。

このような意味で、ルターは「ただ恩恵のみ！」と言ったのでした。したがって、「ただ恩恵のみ」とは、一章で触れた「ただ信仰のみ」の別の側面を語っていると言うことができます。要するに、私たち人間の救いという事柄には、私たちの功績は一つもないということです。人間の救いとは、一〇〇パーセント神の恩恵によるものであり、たとい一パーセントであろうと人間側の功績がそこに含まれるならば、それはもはや「神の恩恵のみ」とは言えない。救いとは、神の一方的な、一〇〇パーセントの恩恵による。これがプロテスタントの福音信仰の確信です。

◆カトリック教会の「恩恵」理解

しかし、このプロテスタントの教えは、カトリック教会によって非常に激しく攻撃されました。聖書は神の言葉であること、また信仰が必要であることについて、もちろんカトリック教会も認めています。しかし、すでに「ただ信仰のみ」のところで触れたように、救われるためにはそれだけでは不十分だと考えていたからです。

特に、この「ただ恩恵のみ」との教えに対して、カトリック教会側からは、キリスト者の生活倫理を破壊する教えであり、世の中を無秩序と混乱の中に陥れると厳しく批判がなされました。つまり、だれかれ構わず神の恵みによって救われるのならば、世界は混乱以外の何ものでもなくなる、と。

当時のカトリック教会の「恩恵」理解は、先述したように、神からの恵みを教会が預かり、教会がふさわしいと判断した人たちにそれを分け与えるというものでした。これに対してルターは「否」を突きつけたのです。恩恵は神のものであり、神がよかれと思う人々に与えるものであって、人間の勝手な思いによって制限するものであってはいけない、とルターは主張しました。こうして、当時のローマ・カトリックの中にあった一種の機械的な恩恵の理解に対して、神さまからの全人格的な恩恵理解へと変わっていったのです。これが、当時の教会にもたらされた恩恵理解の大きな変化でした。

少し補足すれば、当時の教会が持っていた恩恵理解も、人格的な神の恩恵理解も、じつは両方とも古代教父のアウグスティヌスの教えの中にあるものでした。つまり、一方がローマ・カトリック教会の中に引き継がれ、他方の人格的な恩恵理解をプロテスタントが引き継いだ、と簡単に言うことができるかもしれません。いずれにしても、プロテスタントは一方的な神の救いということを語りました。人間はただそれを受けるのみである。これが、「信仰」という言葉でルターが表現したものでした。

他方で、この神さまの恩恵を説明する際に、プロテスタントの中でも微妙な立場の違いが生まれてきたことを少しだけ説明しておきます。

私が所属している改革派教会の伝統の中では、「予定」の教理ということがよく取り上げられます。神さまが世界が造られる前から、救う人々を選んでおられたという聖書の教理です。この教理ほど誤解されているものも少ないのではないかと思うほどです。この教理は、もともと聖書の中で特にパウロが主張した教えで、西方教会の神学の土台を築いたアウグスティヌスの神学の中心的な位置を占める教えでした。ですから、広くはカトリックにも、そして当然、プロテスタントの改革者たちも等しく信じていた、いわばプロテスタント共通の理解なのです。ただ、救いはともかく、滅びる人まで「予定」されるという〝二重予定〟という教えには、とてもついていけないと言われてきました。詳しい議論は、本書では触れませんが、じつはこの〝二重予定〟という教えもまたアウグスティヌスの中にはっきり教えられているもので、カルヴァンという人などはまじめにこれを擁護しました。しかし、ほかの改革者たちは、やはり誤解を招くことを恐れてあまり強調しなかったのです。

それはともかく、大切なのは、この「予定」の教理は、神の一方的な恩恵のみという教えを、いわば究極的に表現した教理だということです。なぜならば、世界の創造前の、神さまの永遠のご計画の中でのことなのですから。

ところが、それでは人間は救われるためにほんとうに何もしなくてよいのか、人間側にも応答することが必要だろうと考える人々も出てきました。人間の応答とは、世界が造られた後のお話ですから、本来ならば全く違う議論なのですが、そうした論争が起こるようになりました。そのようなさまざまな立場の違いが、プロテスタント教会の中にも生まれてきます。しかし、共通しているのは、いずれの立場も「救いは神の恩恵のみによる」という確信があることです。そのことを確認しておきたいと思います。

むしろ問題は、今日の教会が、この大切な真理をいったいどれほど深く理解し受けとめているだろうか、ということです。

「ただ恩恵のみ」の今日的意義

◆人の魂に回心が起こるとき

「ただ恩恵のみ」という教えは、神の恵みによらなければ罪人の回心は起こらないことを意味しています。神の恵みがなければ、罪人は信仰を持つことが自分ではできないのであり、神の恵みが働かなければ罪人はそもそも回心することもできないのです。どれほど努力しても、相手に迫って回心に導こうとしても、神の恵みが働かなければ決して人間は回心するには至りません。これが私たちの信仰の確信であり、聖書の教えであるというのが福音主義の立場ではないでしょうか。

したがって、私たちが言う「回心」とは、決してマインド・コントロールではありません。人の心を人間的な操作によって変えてしまうのが、マインド・コントロールです。「回心」とは、もちろん一生懸命に聖書のことを話し、その人のために祈り続けますが、最終的に人の心を動かしてくださるのは「神の恵みのみ」であると信じておゆだねをする、〝神の時〟を待つという姿勢が大切になります。

逆に、神の恵みのみによって人間が救われるとは、どんな人でも回心する可能性があることをも意味しています。「この人はクリスチャンにはなりそうだから、神さまのことを話してみようかな」とか、「この人はクリスチャンになりそうもないからやめておこう」。これは私たち人間側の判断です。しかし、神さまはそのように人を見てはおられません。神の恵みが働くときに、不可能はありません。どんな人間であろうと、どんな場所であろうと、恵みが働くときに回心は起こるのです。この信仰です。これが、「ただ恩恵のみ」ということの今日的な意味のひとつです。

◆人の目から見た「救い」と神の「救い」

さらに言えば、みなさんの教会にも、洗礼を受けたけれども教会を離れてしまったという人がおられると思います。あるいは、小さいころから日曜学校に通っていたのに、中学生になったらパッタリと来なくなった子どもたち、教会を離れてしまったクリスチャンホームの子どもたちもおられるかもしれません。その子たちは救われているのでしょうか。洗礼を受けたのに、その後教会を離れてしまった人たちはどうなのでしょう。

あるいはまた、最近の教会では多いと思いますが、長年忠実な信仰生活を送っていた高齢の兄弟姉妹が認知症になり、もう自分のことも、教会のこともわからなくなってしまった。あれだけ熱心に信仰生活を送っておられたのに、キリストの「キ」の字も出てこなくなった方のことをどう考えればよいのでしょうか。また、聖書を読んでもわからない、理解できない知的障がいの方は救われないのでしょうか。

いずれも難しい問題です。しかし、私が言えることは、このことだけです。「人が救われるのは〝ただ恩恵のみ〟による。」神が恵みを与えておられる人々は、救われます。そして、これは私自身の確信ですが、神さまは一度ご自身のもとに来た人たち、心をゆだねた人々、それが子どもであろうと大人であろうと、どんな人であろうと、お忘れにはなりません。

神の救いというのは、私たちが神の手を握りしめることではないのです。神が私たちの手を握りしめてくださることです。そして、神さまは一度握った手を決して離されません。これが〝恩恵〟による救いということです。その人が教会から離れようが、自分自身や教会のことや信じていたことさえわからなくなろうが、神さまは決して一度握った手を離すことはなさらない！　そう、私は確信しています。

知的障がいの方も同様です。ご家族や友人に教会に連れて来られても、礼拝の説教も、まして聖書の言葉など、なおさら難しいかもしれません。しかし、神さまのもとに来て、ともに恵みの座にあずかっている人を、どうして神さまは見捨てることがありましょうか。連れて来た人々の信仰を見て、イエスさまは中風の男に「あなたの罪は赦された」とおっしゃったではありませんか（ルカ五・二〇）。

人間が救われるのは、恵みによるのです。その人自身の努力だとか能力だとか、そういうものによって救われるのではありません。神の民として選ばれたイスラエルもまたそうでした（申命七・六〜八）。なぜかはわかりません。しかし、神の愛とはそういうものです。愛には理屈は必要ないからです。

現代の教会に問われること

このような神の恵みに、私たちが拠り頼むことのできる幸いを深く覚えます。しかし同時に、今日のキリスト教会において問われなければならない課題もあろうかと思います。

◆道徳的・癒し系・神信仰

先日、ある書物を読んでいたとき、おもしろい言葉に出合いました。欧米の伝統的なキリスト教社会の中で、最近増えている信仰の形を表した「モラル・セラピューティック・デイズム（moral therapeutic deism）」という言葉です。直訳すると、「道徳的・癒し系・神信仰」となります。こういうタイプの信仰が増えていると、その書物に書いてありました。このタイプの人々の多くが信じているのは、次の五つの項目だそうです。

①神は、世界を創造し、人間の生活を見守るお方
②神は、人間が互いに仲良くすること、互いにフェアでいることを望んでおられる
③人生の中心的な目標は幸せになることであり、自分の人生に満足すること
④困ったことがあるとき以外は、神が人生に介入する必要はない
⑤善良な人たちはみな、死後、天国に行く

なるほど、言われてみると、このタイプの信仰者は日本にも案外多いかもしれないと思いました。彼らは、決して無神論者ではなく、聖書の神さまを信じています。互いに仲良くして、みんなが幸せになって、自分自身の人生に満足し、最後は天国に行く。こんなハッピーな信仰はないと思います。一つ一つの事柄は、かならずしも間違ってはいないと思います。

けれども、やはり問題なのは四番目だと思います。「困ったことがあるとき以外は、神が人生に介入する必要はない。」このタイプの信仰には、「恵み」という言葉そのものが死語になっているのではないかとさえ思います。ましてルターが高く掲げた「ただ恩恵のみ」という、強烈な「恩恵」理解はここにはありません。神の恩恵のみによって、自分があると信じるのではなく、神の恩恵もあったらよいと考える。その程度の「恩恵」です。そこには、神にのみ人生を賭けるという姿勢は生まれてきません。

◆「安価な恵み」と「消えゆく恵み」

このような信仰のあり方、つまり、みことばを通してイエス・キリストに従うという道へと私たちを促さない「恵み」は、「安っぽい恵み（安価な恵み）」であると、ドイツのルター派神学者ボンヘッファーは言いました（『キリストに従う』参照）。それは本来「恵み」という言葉に値しない、もはや「恵み」ではない、少なくとも聖書が語る「恵み」とは言えない、と彼は述べたのです。

もう一方において、フィリップ・ヤンシーというアメリカのジャーナリストが使った言葉で「消えゆく恵み（vanishing grace）」という言葉があります。つまり、真の意味で人間に幸いをもたらす天来の恵み、それは神の御子の愛にあふれた命がけの恵みこそ、聖書の福音の中心になければならない。それは、すべての人に神がお与えになろうとしている恵みである。私たちがではなく、あなたがでもなく、神がお与えになろうとしている「恵み」であって、これをあらゆる人々――文字どおり、あらゆる人々――に提供するという姿勢、つまり人種や社会的立場を超えて神の愛を伝えていこうとする姿勢なくして、キリスト教会の福音宣教など成り立たない。「福音」派と呼ばれている教会から、今や真の神の恵みが「消えかかっている」のではないかと、ヤンシーは重要な問題提起をしたのです（『隠された恵み』参照）。

ボンヘッファーにしても、ヤンシーにしても、彼らが言う「恵み」という、高価な、そして神の大文字の恵み（Grace）とは何なのでしょうか。それはすなわち、イエス・キリストに現された神の愛です。それは、神の命がけのプレゼントと言うことができるでしょう。「恵み」という言葉は、あまりにも簡単すぎる言葉なのかもしれません。そういう言葉では、本来表せないのかもしれません。それはまさに、十字架上で引き裂かれた神の命そのものであって、主イエスのわき腹から流れ出たあの血と水と、そこから流れ出た父の愛そのもの。それがパウロが語り、ルターが叫んだ「神の恵み」なのです。

◆キリストの命の恵み

キリストのわき腹から流れ出た命の水、その血潮は、やがて私たち人間の下に流れ着きます。天来の恵みが、滔々《とうとう》と十字架から全地へと広がっていく。山から湧き出た水がいくつもの小川となり、それらが合わさって大きな川の流れになっていく。そして、やがてそれは海へと流れて行きます。キリストの命の恵みもまた、そのようなものです。キリストのわき腹から流れ出た命が全地を覆うように、神の恵みは広がっていく。その大いなる神の恵みによってひとりひとりが救われ、その中を生きていく。それが、キリスト者の歩みだと思うのです。

「あなたがたは自分の背きと罪の中に死んでいた者であり、……しかし、あわれみ豊かな神は、私たちを愛してくださったその大きな愛のゆえに、背きの中に死んでいた私たちを、キリストとともに生かしてくださいました。あなたがたが救われたのは恵みによるのです。神はまた、キリスト・イエスにあって、私たちをともによみがえらせ、ともに天上に座らせてくださいました。」

（エペソ二・一、四〜六）

ここで、パウロはとてもおもしろいことを言っています。あなたたちは「死んでいた」のだ、と。生まれながら神の怒りを受けるべき子どもとして、私たちは死の中にいたのと同然だ、と。しかし、「私たちを、キリストとともに生かし」てくださった。「キリストとともに」は、異本では「キリストにあって」と記されています。こちらの表現のほうが、ひょっとするといいかもしれません。「キリストにあって」とは、パウロ独特の表現です。いずれにしても、「キリストと結び合わされて」ということです。神さまは、大きな愛によって、私たちをキリストと結び合わせ、死んでいた私たちをよみがえらせてくださったのだ、と。

イエスさまは全く同じことを、あの有名なヨハネの福音書一五章で、ぶどうの木にたとえてお話しになりました。


「わたしはぶどうの木、あなたがたは枝です。人がわたしにとどまり、わたしもその人にとどまっているなら、その人は多くの実を結びます。わたしを離れては、あなたがたは何もすることができないのです。」

（五節）


あなたたちの中にわたしの命が流れ込んで行き、そうして、あなたたちの中に実が結ばれると、イエスさまはおっしゃるのです。

私は仙台にいたとき、教会の庭の一角にぶどうの木を植えたことがありました。じつは、近所のホームセンターが閉店することになり、閉店セールのチラシが入っていましたので出かけて行きますと、そこに、ぶどうの木の苗が売られていました。

教会だからぶどうの木もいいだろうと思って、買ってきて植えたのです。

ところが、最初の一、二年は、何の変化も起こりませんでした。葉っぱの一枚も出ない。やっぱり閉店セールの苗はダメだったかと思い、あきらめました。ところが、三年目のあるとき、ポコッと小さな葉っぱが出ました。そして、葉っぱが出始めるや、どんどん生長して、あっという間に蔓《つる》が一面に広がっていったのです。ぶどうの生命力に驚かされました。

それだけではありません。冬場にぶどうの木の枝の剪定をしていたときに、枝の中がホースのように空洞になっていることを初めて知りました。驚いたことに、春になるとその空洞であったはずの枝から、新しい葉っぱがどんどん生えてくるのです。つまり、空洞の枝に大元の幹から命が流れて行く。それで枝はよみがえったようになって、葉を出し、実を結ばせるのです。

ぶどうの木を育ててみて、私はイエスさまのお言葉の意味がよくわかりました。私たちは、ぶどうの枝のように空っぽなのです。ほんとうに何にもありません。でも、イエスさまにつながると、イエスさまの命が空洞を通って流れ込み、実を結ばせる。こんな自分に実など成るのかと思いますが、でも、かならず実を結ぶとイエスさまは言っておられます。それはもしかしたら、小さな実かもしれません。食べると酸っぱいかもしれません。しかし、それでも実が成るのです。私たちの力ではありません。イエスさまの命によってです。これが神の恵みの力です。

◆「ただ感謝のみ！」

先ほどのエペソ人への手紙二章はさらに語ります。その恵みによって、私たちは神の作品として新しく造られたのだ、と。

「私たちは神の作品であって、良い行いをするためにキリスト・イエスにあって造られたのです。」（一〇節）

「良い行いをするために」と、ここでは目的のように訳されていますが、この部分は結果として訳すこともできます。「私たちは神の作品であって、イエス・キリストに結ばれて造られたのだから、良い行いをするようになる」と。まさに、先ほどのヨハネの福音書一五章と同じ意味です。

「ただ恩恵のみ」と言ったとき、プロテスタントでは、恵みを受けてそれを喜んでいればいい、あとは寝ていても天国へ行けるから大丈夫、とは教えませんでした。神さまの命がけの愛をいただいた者が、どうしてゴロゴロ寝ていることができましょうか。自らの命をささげてくださった、あのイエスさまの御顔を何よりも慕う私たちが、どうして自分の幸せだけでいい、自分さえ天国に行ければそれでいいと、そこで終えることができるでしょうか。何ができるかわからないけれども、私のような者でも主のお役に立ちたい。イエスさまを証しできるような者となりたい。そんなささやかな思いが、私たちの中にも起こるのではないでしょうか。

「ただ恩恵のみ」という言葉とセットになる言葉は、「ただ感謝のみ」です。その「ただ感謝のみ」から、福音主義信仰者たちは新しい命を生き始めました。新しい社会を、新しい世界を、神さまの世界をつくるという新しい倫理を生き始めていったのです。それがプロテスタント社会であり、国家でした。そのような社会を生み出す原動力となったのが、まさにこの「ただ恩恵のみ」という信仰であったことを、私たちは忘れてはいけません。

何ができるかわかりません。しかし、かつては死んでいた私たちを神さまの命の恵みが生かしてくださったという幸せを感じることです。自分だけが救われればよい、自分だけ良ければよいという、狭いつまらない幸せではなく、神さまの喜びの中で、少しでもこの感謝を表すことができるように生きていくことです。そのためにこそ、私たちに神の恵みは与えられたのですから。

Ⅳ　ただキリストのみ（Solo Christo）

皆さんも、またイスラエルのすべての民も、知っていただきたい。この人が治ってあなたがたの前に立っているのは、あなたがたが十字架につけ、神が死者の中からよみがえらせたナザレ人イエス・キリストの名によることです。

……

この方以外には、だれによっても救いはありません。天の下でこの御名のほかに、私たちが救われるべき名は人間に与えられていないからです。

（使徒の働き四章一〇、一二節）

残りの二つの「のみ（ソラ）」は、初めに述べたように、後に付け加えられたものです。内容的には重複することもありますので、それぞれ要点だけを簡潔にお話ししたいと思います。

「ただキリストのみ」が意味すること

◆この方以外に信頼を置く必要はない

「イエス・キリストに属すること以外の、業や義や功績にその確信を置くように人に教えるあらゆる教理は、天も地もいずこからでも失せさり、呪われよ！」

（ガラテヤ書一・九註解、一五一九年）

これは、ルターによる非常に強い言葉です。もしイエス・キリスト以外のものに信頼を置くように語る教理があれば、天地から失せ去れと、ルターは排斥したのです。「ただイエス・キリストのみ」なのです。

「ただ信仰のみ」「ただ聖書のみ」は、「ただ恩恵のみ」と深く結びつき、それらを別の言い方で述べたものだとお話ししました。それは、この「キリストのみ」でも同様です。ただ、それぞれの強調点が変わってきます。「キリストのみ」は、「ただ信仰のみ」の、さらに別の側面を明らかにしている言葉だと言えましょう。すなわち、私たちが義とされるという救いの根拠と確信は、人間のうちにあるのではなく、天におられるキリストのうちにあることを強調しているのです。

ほんとうに自分は救われているのかと、自分自身の内側に救いの根拠を探そうとするとき、私たちは不安の底に落ちていくしかありません。まさに、ルターもそうでした。しかし、そうではなく、私たちの外側に救いの根拠があるとの発見こそが、ルターにおいても福音の発見となったのでした。イエス・キリストのうちに、私たちの救いの根拠があることの発見です。その発見はルターに、当時、神と人間とをとりなすとされ、人々が崇拝していた聖人やマリア信仰などは一切不要であるというほどの確信を与えました。

余談ですが、聖書と教会の歴史上、天使や聖人が重んじられる時代というものがあります。そこには、ある共通した現象があるのです。それは、神さまと人間との距離感が開く時代です。神さまがあまりにも遠い存在、畏れおおい存在として、離れていけばいくほど、その間をとりもつ存在が必要になってくるからです。そこで、天使や聖人といった、神と人との間を埋めるような存在が現れてきます。しかし、神というお方と私たちとが、ほんとうに近くなるとき、そう実感するとき、中間物は必要なくなります。

目の前に天国の扉が大きく開いていくように感じたというルターの体験に象徴されるように、イエス・キリストが自分のところに来てくださった、自分を天国へと招いてくださっているという喜びを見いだしたルターにとって、もはやマリアも聖人も必要なくなったのでした。このイエス・キリストというお方のみを信じて、ただ自らをゆだねればよい。ルターは、そのような信仰に導かれていきました。

男であれ女であれ、身分が高かろうが低かろうが、すべての者たちが直接イエス・キリストとつながっていく。これがプロテスタントの大切な「万人祭司」という原理となっていきます。神と人との間をとりなすためには、教会ですら必要ありません。神と直接つながることができる道を、主イエスご自身が開いてくださったからです。したがって、「キリストのみ」という主張は、今日も依然として同じ真理を私たちにもたらしているのです。

◆今日における意味と課題

本書でくり返し述べてきた「ただ信仰のみ」「ただ恩恵のみ」とは、それ以外に私たちの信頼の根拠を置かないことを意味します。それと同じように、「ただキリストのみ」との信仰を持つ私たちにとって、それ以外のものに信頼を置く必要はありません。つまり、この世の成功や安心など、そのようなものに私たちの信頼を置く必要がないということです。そして、くり返しますが、私たちは自分の中に救いの根拠を求める必要もないのです。

不安のただ中にある現代にあって、人々は自分の心の拠りどころを探し求めています。しかし、私たち人間が、自分自身の心をゆだねることのできる場所はただひとつだけです。この地上において、決して変わることのない、揺らぐことのない唯一の場所。それは、私たちのもとに降りて来てくださった、イエス・キリストという方のもとです。このお方に、自分の一切をゆだねることです。「キリストのみ」という信仰が、キリスト教会の信仰の中心にあることは言うまでもありません。しかし、この時代の激しいうねりの中で、自分たちの信頼すべてをキリストにゆだねるとは、具体的にどういう行動へと私たちを押し出していくのでしょうか。それには、考えなくてはならない事柄があると思います。

〝十字架のキリスト〟に従う――苦難を経て復活へ

「ただキリストのみ」と言ったときの「キリスト」は、決して栄光のキリストではありません。それは、十字架にかかったキリストのことです。ルターが確信した、キリストがもたらした福音の本質とは、その栄光にではなく、むしろ十字架にあったからです。

では、「十字架」とは何でしょうか。それは、人間の罪であり、苦難であり、悲しみであり、痛みです。そこに十字架が立つことこそが、キリストの福音であり、このキリストに私たちは全幅の信頼を置くのです。ヨーロッパの荘厳な大聖堂のはるか彼方に輝いている栄光のキリストではなく、人間の罪のただ中で磔《はりつけ》になられたあのキリストに、私たちの信頼を置くということです。これが、ルターの〝十字架の神学〟でした。

◆日本の教会の過ち

二〇一四年に、私は長らく牧会していた仙台の地を離れ、神学校で働くべく神戸に移って来ました。神戸改革派神学校という学校で働くに際して、神学校の歴史を調べる機会がありました。もちろん、大まかな歴史は知っていましたが、もっと詳しく知りたいという思いにかられました。実は、私どもの神学校は、戦時中にいわゆる〝神道儀礼〟を拒否し、自ら閉校したという歴史を持った神学校だったからです。

私たちの神学校は歴史が古く、もともとは明治時代から始まった「中央神学校」という学校をルーツに持っています。日本における長老派の中心的な神学校でした。

この学校は、アメリカの南長老教会の宣教師たちが中心となって創立され、同じミッションによって創立された韓国の長老教会とも深いつながりのある学校でした。非常に多くの神学生を輩出しましたが、卒業生には、後に戦争中にキリスト教会が国家権力によって強制的にひとつに統合された「日本基督教団」の統理となった富田満や、有名な賀川豊彦たちがいました。

一九四二年、日本基督教団にすべての教派が統合され、国家神道のもとで日本の教会が国家に協力しなければならない、また進んで協力していくことを教団として決定したときに、中央神学校は自ら神学校であることをやめました。つまり、国家神道に協力するような神学校はもはや神学校として立ち得ないと確信し、自ら閉校することによって抵抗を示したのでした。閉校後も一部の先生方が神学活動を続け、戦争が終わった後に、いち早くその先生方が中心となって建てたのが、現在の神戸改革派神学校です。

そもそも、戦前・戦中の日本の教会はなぜ国家に協力をしたのだろう、と若い方々は疑問に思うかもしれません。もちろん、そこにはさまざまな社会的な圧力があったことでしょう。多くの牧師たちは当時の状況をふり返り、信徒を守るためだったと記しておられます。しかし、信徒を守るために信仰をゆがめるとは、おかしな理屈です。信仰をゆがめてまで守らなければいけないこととは、いったい何だったのでしょうか。そこには人間の弱さ、深い罪の闇があると言わざるを得ません。

私たちはみな弱さを持っていますから、人間の弱さのゆえに国家に協力しなければならなかったと正直に認めるなら、まだわかります。私もその時代に生きていたなら、同じことをしたかもしれません。しかし、私が驚いたのは、かならずしもいろいろな圧力に屈して協力させられただけではなかったという事実です。つまり、当時の教会は率先して協力していたのです。今こそわれわれ日本の教会は国のため、天皇陛下のために尽くさなければいけない、戦わなければいけない。そう主張されていたのです。そのことが、説教壇からも、さまざまな教会の文書の中でも、くり返し語られました。

そして、そこに見え隠れするのは、教会がもっと大きくなるように、もっと強くなるように、もっと日本の中心になるように、というキリスト教会の意識なのです。

一九四〇年に施行された悪名高い「宗教団体法」という法に基づき、「日本基督教団」という政府公認の教団が出来上がったとき、当時のほとんどの教会はこの法律を歓迎しました。それまでキリスト教会は、「法人格」を持っていなかった、つまり、明治憲法下においては社会的に認められた存在ではなかったからです。それが、初めて教会が公的に認められる存在になった。のみならず、日本古来の神道や仏教という代表的な宗教と並んで、政府からキリスト教が認められるようになったことに、当時のキリスト教会は胸を躍らせたのでした。私は、このことが当時のキリスト教会の大きな誘惑になったのではないかと思います。

◆十字架の福音

キリストの福音とは、このようなものなのでしょうか。当時の教会が求めた福音は「十字架の福音」ではなく「繁栄の福音」「栄光の福音」ではなかったか。そして、そこから日本の教会は道を踏み外していったのではないかと思うのです。そうでなければ、日本の教会は福音の名のもとに、韓国の兄弟姉妹たちを苦しめることに加担するようなことはしなかったでしょう。わざわざ韓国まで出向いて、「あなたたちは日本政府に協力しなさい。神社参拝は単なる儀礼なのだから、なぜそんなにも頑なに拒否するのか」などと言えたでしょうか。

イエス・キリストは、苦しみの中にいる者たち、悲しみの中に打ちひしがれている者たち、力によって抑圧されている者たちの側に立っておられます。そのキリストの福音に生きていたのなら、日本の教会ははたしてあのとき、同じことをしたでしょうか。

中央神学校でも同じことが起こりました。学校を閉鎖する直前、最後の卒業式のときのことです。卒業生の中には、日本人とともに数人の韓国人学生がいました。卒業式が終わったとたん、待ち受けていた公安警察によって韓国人の卒業生たちだけが連れて行かれたのです。彼らは牢獄に入れられ、拷問を受けました。その記録を読み、私は非常に深く胸を刺されました。なぜ、そのとき、「彼らは私たちの仲間です。連れて行かないでください」と、警察の手を押しとどめる人がひとりもいなかったのか。なぜ校長はそのとき、何も言わなかったのか。神学校で教えていた

「福音」とは、いったい何だったのか。そう、問わずにはおれませんでした。

◆キリストを表す「キリスト者」へ

じつは、当時の教会の誤った福音理解に気づかされたのは、私自身があの東日本大震災を味わったからでした。あのとき、被災地にいた私たちは、はたしてイエス・キリストというお方が、どこにいるのかということを問われたのです。神さま、なぜこのようなことが起こるのですかと、被災地の牧師たちはみな天を仰ぎました。もちろん、答えは天から降っては来ませんでした。

しかし、あの被災地で、地にひれ伏して嘆くしかない人々の中に、私たちは主イエスを見ました。なぜあのようなことが起こったのかはわからないけれども、神さまが今どこにおられるかはわかりました。なぜなら、イエスさまというお方は、天上から地上を見下ろして、悲嘆にくれる無数の人々を眺めておられるのではない。愛する家族を失い、泣き伏すしかない人々の隣に座り、ともに涙を流しておられる。そのお姿を、私たちはあの被災地で見てとったのでした。

そして、私たちもまた主イエスがなさったのと同じことをしなければいけない、と促されました。そのようにして、被災地の牧師やクリスチャンたちが働き始めました。「今は〝伝道〟する時ではない。目の前の人々のために働く時だ」と。人一倍熱心に伝道してこられた先生方から、そのような声があがりました。私たちはただ、地域にある教会として、国内外の教会から届けられた物資を人々に配っただけです。しかし、そのような教会の働きを見て、東北の人たちが私たちのことを「キリストさん」と呼ぶようになりました。

ある牧師が「おばあちゃん、ごめんね。今日は何も持っていないんだけど、ちょっと気になったから寄せてもらいました」と言うと、「いいんだよ。あんたら、いつもキリストさん背負ってっから」とおっしゃる。〝いつもキリストを背負っている〟そのようなことを、自分でも考えたことがなかったと、その先生は書いておられました。使徒の働き三章の中で、「美しの門」で座っていた生まれつき足の萎えた男に対し、ペテロはこう言ったのでした。

「金銀は私にはない。しかし、私にあるものをあげよう。ナザレのイエス・キリストの名によって立ち上がり、歩きなさい。」（六節）

これが「キリスト者」なのだということを、私たちのほうが教えられたのでした。

◆受肉したキリストのみ

もちろん、私たちがキリストを背負う前に、イエスさまご自身によって私たちが背負われているのです。苦しみの中で、泣くことしかできない私たちひとりひとりを背負っていてくださる。私たちが信じている神というお方は、そのようなお方なのです。

「あなたがたが年をとっても、わたしは同じようにする。あなたがたが白髪になっても、わたしは背負う。わたしはそうしてきたのだ。わたしは運ぶ。背負って救い出す。」（イザヤ四六・四）

このように言われる神は、旧約聖書から一貫して変わらないお方です。私たちを背負っていてくださるという神の姿は、その御手は、私たちの目には見えません。しかし、その御手がどれほど温かいか、力強いか、それをわからせてくださったのがイエス・キリストというお方です。神の御手に、御足に、そしてその心に触れられるようにしてくださった。それがキリストの受肉の意味です。

「ただキリストのみ」とは、このようなキリストこそが私たち人間の唯一の拠りどころだということです。このキリストは、栄光のキリストではない。弱い者とともに歩み、ともに泣き、むごたらしくも十字架にかけられて、私たちの身代わりとなってくださった、あのキリストです。このお方にのみ、私たちの拠りどころ、希望、救いがあるのです。

このお方を信じることができる私たちは、何と幸せな者でしょうか。このような神を神とできる人間は、何と幸いなことでしょうか。クリスチャンに限ったことではありません。すべての人間のために、現に、この神さまはおられるのです。クリスチャンはただ、そのことをほかの人よりも先に知っただけのことです。

「父はご自分の太陽を悪人にも善人にも昇らせ、正しい者にも正しくない者にも雨を降らせてくださるからです。」

（マタイ五・四五）

神さまは、すべての人を慈しまれるお方です。このお方だけに、私たちの一切の栄光をおささげするということ。食べるにも、飲むにも、何をするにも、ただこの神の栄光のために生きるということ。それが私たち人間の初めであり、終わりです。

そのことを、最後に学びましょう。

V　ただ神の栄光のみ（Soli Deo Gloria）

ああ、神の知恵と知識の富は、なんと深いことでしょう。神のさばきはなんと知り尽くしがたく、神の道はなんと極めがたいことでしょう。

「だれが主の心を知っているのですか。

だれが主の助言者になったのですか。

だれがまず主に与え、
主から報いを受けるのですか。」

すべてのものが神から発し、神によって成り、神に至るのです。この神に、栄光がとこしえにありますように。アーメン。


（ローマ人への手紙一一章三三〜三六節）

ただ神の栄光のみ

◆人が生きる目的

有名な作曲家ヨハン・セバスチャン・バッハは、自身が作曲した楽譜の最後に、よく「ＳＤＧ」と記したことをご存じでしょうか。

それは、「Soli Deo Gloria（ただ神の栄光のみ）」の頭文字です。バッハは、自分自身が作った音楽を神さまへのささげものとして、神の栄光のみがあらわされますようにと願いつつ、作ったのでしょう。バッハの信仰がよく表されていると思います。

神さまの圧倒的な救い、そして恵みが自分に迫ってきたルター自身の体験については一章で触れました。それは、パウロにとっても同じ体験だったであろうと思います。その神の測り知れない圧倒的な救いの出来事、あわれみの深さ、それに感極まったパウロが書き記したのが、ローマ人への手紙一一章三三節以下の「ああ、神の知恵と知識と富は、なんと深いことでしょう！」という言葉だと思うのです。
また、コリント人への手紙第一では、次のように記しています。

「こういうわけで、あなたがたは、食べるにも飲むにも、何をするにも、すべて神の栄光を現すためにしなさい。」（一〇・三一）

これこそが人間の目指すべき究極のゴールである。宗教改革者たちは、このパウロと同じ確信に導かれました。このことを端的に表しているのが、有名な『ウェストミンスター小教理問答』です。

問一　人のおもな目的は、何ですか。
答　人のおもな目的は、神の栄光をあらわし、永遠に神を喜ぶことです。

私たち人間は、神の栄光をあらわし、神を永遠に喜ぶために造られました。そして、そこに向かって生きることが、人間にとっての最高の幸せなのです。

◆神の栄光をあらわす

それでは「神の栄光をあらわす」とは、いったいどういうことなのでしょうか。神さまの栄光をあらわすのですから、何か大きなこと、派手なことをしなければと思ってしまいます。「こんなことができるなんて、ほんとうにすごいですね」とほめられると、「私ではなく、神さまがすばらしいのです」と胸を張って言うことができるでしょう。しかし、逆に、大したこともできないのに「神さまの栄光のためです」とは言いにくいかもしれません。

それでは、神の栄光をあらわせるのは、立派なことをしたときだけなのでしょうか。決して、そうではありません。神の栄光をあらわすとは、本来、神さまのお心を生きること、つまり、そのお心を私たちが純粋に映し出すということなのです。

美しい高原の中を、早朝、散歩していたとき、きれいな池がありました。その水面に、朝日に照らし出された木々の美しい緑が映し出されるのを見て、その素晴らしさに感動を覚えました。「神の栄光をあらわす」とは、こういうことではないかと思いました。神さまを映し出すためには、ある意味で、自分自身が無にならないとできないことです。ルターは、このように記しています。

「信仰は、神の業また主キリストの業、すなわち、その苦難も死も私にもたらし、すべてを私自身のものとする。私たちの業など、何の価値もない。私たちは、この方に栄誉を捧げる。神がすべてであり、私たちは無である。」

（ヨハネ六・六五講解、一五三一年）

風景をきれいに映し出すためには、水面が波立っていてはできません。それと同じように、私たちの心がいろいろな思いで波立っていると、神の栄光を映し出すことはできない。「神がすべてであり、私たちは無である。」そのような姿勢です。あの被災地で、自分のことを忘れ、もっと言うなら、クリスチャンであることすら忘れ、目の前にいる人のためにただ何かしたいと思って仕えていたときに、「あんた、キリストさん背負ってっから」と言われたのでした。これが、神の栄光をあらわすということだと思うのです。神さまを映し出すことです。二心のない純粋な思いで、自分のためにではなく、ひたすら神さまの子として生きることを喜び、他者のために心を注ぎ出す。そのとき、私たちは美しく神の栄光を映し出すことができるのではないでしょうか。神さまを喜ぶという、人間本来の姿を取り戻すことができるのではないでしょうか。

神の前に《コーラム・デオ》生きる

私たちは、神の御前で生きています。中世の時代に広く行き渡っていた似たような言葉に、ラテン語で「メメント・モリ（死を覚えよ）」というものがあります。これは人間に対して、一種の警告として与えられていた言葉です。人はいつかかならず死ぬのだから、今日という日を懸命に生きよ、と。「コーラム・デオ（神の前に）」も同じです。われわれは創造主の目から逃れることはできない、との警告の意味を帯びた言葉でした。

しかし、宗教改革者たちが使った「コーラム・デオ」とは、神の恵みの前に生きるという意味でした。父なる神の愛のまなざしの中で、圧倒的な神の恩寵の中で生きる。神への畏れと愛をリアルに感じて生きるということです。それは別の言い方をすると「終末的に生きる」ということでもあります。

終末（世の終わり）とは、人々にとって恐ろしいものかもしれません。しかし、キリスト者にとっては喜びの日です。なぜなら、イエス・キリストにお会いできる時だからです。そのとき、なぜあんなことが起こったのか、なぜあのような道を通らされたのかと、自分では理解できなかった人生の意味をすべて教えていただけることでしょう。そして、神さまの恵みに満ちたご配慮を、私たちははっきりと知るに至るでしょう。主とお会いするときに、私たちは心から思うに違いありません。この神さまを信じていてよかった、と。

「神の前に生きる」とは、まさに終末を先取りして生きることにほかなりません。終末はすでに始まっているのですから、私たちが神の前に生きることもまたすでに始まっています。ただそのことを、肉の目をもって見ることができないだけです。だからこそ、そこに信仰が必要になります。しかし、終末を生きるとは、この世のことで一喜一憂しない、私たちが行き着くゴールを見据えて、神の栄光に向かって生きる、確かな生き方へと私たちを押し出すのです。

Ⅵ　私たちが生きる〝ソラ〟

五つの「のみ」のみ？

今回、私たちは「五つのソラ（Sola）」を学んできました。

ただ信仰のみ（Sola fide）
ただ聖書のみ（Sola Scriptura）
ただ恩恵のみ（Sola Gratia）
ただキリストのみ（Solo Christo）
ただ神の栄光のみ（Soli Deo Gloria）

この五つを取り上げましたが、そのほかにも「～のみ」と言えるものがあると思います。ただ聖霊のみ、ただ神の愛のみ、ただ教会のみ、等々。聖書は、イエス・キリストの福音の、測り知れない豊かさを表している書物だからです。

◆パウロの福音体験

以前、私は「ローマ人への手紙」の連続講解説教を行ったことがあります。その中で、初めて気づいたことがありました。パウロが書いたローマ人への手紙の中には、プロテスタント信仰の要となる大切な教えがたくさん記されています。それをていねいに講解していくうちに、ひょっとしたらパウロは初めから答えを持って書いているのではなかったのではないか、という気がしてきたのです。つまり、パウロは、神学校の先生のように、自分は答えを知っていてそれを生徒たちに教えている、というのではないと思ったのです。

パウロのうちにあったのは、あのダマスコ途上での体験だったと思います。主イエスが自分に迫って来た、あの体験です。しかも、さばくためではなく、自分を赦すために。あのキリスト体験が、いつでもパウロの信仰の中心にあったのではないか。そして、あの福音体験の意味を、どのように説明するのがよいのか、ずっと考えつつ語り、語りつつ考えていたのではないかと思うのです。旧約聖書の正義の神が、同時に愛の神であること。イエス・キリストをとおして私たち人間を救おうとしておられること。それをどのように説明すればよいのか、もちろん聖霊に導かれつつですが、パウロは考えに考えて書き記している。確かにローマ人への手紙の中で「信仰義認」は中心的な位置を占めていますが、それがすべてではありません。パウロ自身、言葉に決して尽くせないキリストの福音の豊かさを、何とかして表現しようとしていたのです。

◆パウロにおける愛と和解の大切さ

たとえば、パウロは書簡の中で、しばしばキリスト者の生き方について教えています。かつて、主イエスは、律法の中心として、ふたつのことをお教えになりました。

「『あなたは心を尽くし、いのちを尽くし、知性を尽くし、力を尽くして、あなたの神、主を愛しなさい。』第二の戒めはこれです。『あなたの隣人を自分自身のように愛しなさい。』これらよりも重要な命令は、ほかにありません。」

（マルコ一二・三〇〜三一）

ところが、パウロの書簡を見るとふたつではありません。「隣人を愛しなさい。」これ一つなのです（ガラテヤ五・一四参照）。パウロはこのことしか言っていません。もちろん、「神を愛する」ことは書簡全体をとおして言われています。しかし、旧約聖書の戒めを守りなさいという文脈の中では、この「隣人を愛しなさい」としか言わない。これがすべてである、と。律法学者として訓練を受けたにもかかわらず、隣人愛こそが律法のすべてだとパウロは言うのです。なぜでしょうか。

人間というのは「神を愛する」と言いながら人を憎むことができます。このことは、宗教戦争を見れば明らかです。神のために、神への正義のために戦争が起こります。神のために人を殺しても何とも思わないのです。なぜなら、神のためだからです。パウロ自身もそうでした。神のために、クリスチャンは殺してもかまわないと思っていました。憎んでいました。

しかし、イエス・キリストと出会ったパウロは、それは間違いであったことに気づかされました。人を憎むこと自体が、神の戒めに反することであったことを、パウロは自分自身の信仰が根底から覆されるようにして教えられたのでした。なぜならば、「神を愛する」というその「神」というお方が、「赦す」神であったからです。悪人をも愛する神であったからです。そのことを、パウロは敵対していたはずの主イエスご自身から教えられたのです。そうであるならば、この神のために生き、この神の御心を生きるということは、憎しみを捨て去り、互いに赦し合い、愛し合うこと以外にはありません。そのことをパウロは教えられたのでした。

このようにしてパウロは、書簡の中で「和解」について語り、神の子とされることの恵みを語ります。神がこんなにも私たちのことを愛してくださっていたこと、自分たちユダヤ人だけでなく、異邦人をも初めから愛しておられたことに気づかされます。異邦人もまた、神がお造りなった人々ですから、当たり前と言えば当たり前です。けれども、パウロはイエス・キリストに出会うまで、このことに気づかなかったのです。

このように、イエス・キリストの福音とは、測り知ることができないほど豊かなメッセージを持っているものです。ですから、本書で取り上げた五つの「ソラ」も、その中心的な事柄を取り上げただけということを覚えておいてください。「～のみ」をもっと挙げるとしたら、その数は膨大なものになることでしょう。大切なことは、福音の中心性とともに、その豊かさということです。

福音の純粋性

◆「地の塩」「世の光」として

イエス・キリストは、私たちに「あなたがたは地の塩です。世の光です」と言われました（マタイ五・一三、一四参照）。「地の塩」とは、世の中を腐らせないための役割であると、よく教えられます。罪の世の中はつねに腐敗するため、それを防ぐためにあなたがたキリスト者はいるのだ、と。では、具体的にどうするのかを考えたとき、多くの場合、この「地の塩」とは、預言者的な働きだと言われることが多いのではないでしょうか。たとえば、政治が腐敗堕落していくときに教会は声を上げなければならない、ということが言われます。「世の光」も同じように、社会の悲惨の中でのキリスト者の愛の業を指すときによく用いられます。

それ自体は決して間違っていませんし、両方とも大切な働きだと思います。しかし、少なくとも「地の塩、世の光」とイエスが言っておられる文脈を考えると、イエスはかならずしも世の中の腐敗をとめるために警告しなさいとお命じになっているわけではないように思います。この世界は警告することによって、「ああ、そうですか」と簡単に立ち帰るようなものではありません。この世の君《きみ》は、そんなにヤワではない。

そうではなく、この罪の世界、そしてそこに生きる人間たちの腐敗をとめることができるとするならば、それはただ〝命の力〟しかありません。どこまでも深くなっていく闇を打ち破ることができるのは〝まことの光〟しかないのだと思います。そして、その命とは、光とは、イエス・キリストの福音以外にはない。人間が腐っていく、すなわち、生きることをあきらめてしまう世の中を押しとどめるには、生きる希望、生きる喜びを回復することです。神とともに生きることが、人間にとってどれほどの幸せであるかを示すことです。それがすなわち、福音です。この福音に生きている者たちこそが、「地の塩」「世の光」なのです。

戦後七十年が経ち、今ほど、そのことが私たちキリスト者、キリスト教会に問われている時代はないと思います。かつての日本のキリスト教会は、宣教師がもたらした文化によって引っ張られていきました。教会は欧米文化が感じられるオシャレな場所、進んでいる場所として、人々を惹きつけました。

しかし、そのように人々が教会に集まって来る時代は終わりました。これからの時代、教会に問われているのは、人々を惹きつける文化的な魅力ではありません。今こそ、福音そのものにどれほど魅力があるのか、これに生きるということが人間にとってどれほどすばらしいことなのかを、私たちが身をもって示す時代が来ているのではないでしょうか。

むしろ問われるのは、教会が、そして私たちキリスト者が、その「福音」をほんとうに知っているのか、そしてその「福音」に生きているのかということです。

このことも、私は被災地で学ばされました。東北の教会はお金もないし、人もいない。〝ないないづくし〟の小さな教会ばかりです。けれども、光っていたのです。そこには、偽りの世の中にはない何かがあると、少なくとも被災者の方々は感じてくださいました。教会は、その何かを持っている。それが、私たちの最大の使命であり、特権ではないかと思います。

◆私たちが生きる空《ソラ》

私たちの時代は、すごい速さで移り変わっています。

ここまで、五つの〝ソラ〟を学んできましたが、私たちの頭上にもいろんな空が広がっていることでしょう。

日本の社会の空も、国際社会の空も、時々刻々と移り変わっています。そうした時代の中にあって、かならずしも私たちの上にあるのは晴れわたった空ばかりではなく、深く暗い雲がたちこめる空のときもあると思います。実際、今の私たちの社会の空は、そのような雲に覆われているように思われてなりません。そしてまた、激しい雷雨となる恐ろしい空が覆う日もやがて来るかもしれません。

けれども、そのようなときにも、私たち信仰者がたえず目を向けなければならないのは、その雲の上に輝くキリストの〝ソラ〟です。いえ、むしろ、その土砂降りのただ中に降りて来てくださったキリストの恵みの光です。人々の目には見えない、その〝ソラ〟を私たち信仰者は見て取らなければならない、見て取ることができるのではないかと思うのです。

この五つの〝ソラ〟の下で、私たちキリスト者は生かされています。神は私たちをお見捨てにはなりません。

「あらゆる恵みに満ちた神、すなわち、あなたがたをキリストにあって永遠の栄光の中に招き入れてくださった神ご自身が、あなたがたをしばらくの苦しみの後で回復させ、堅く立たせ、強くし、不動の者としてくださいます。」

（Ⅰペテロ五・一〇）

このお方にのみ、私たちは信頼をよせて、これからも五つの〝ソラ〟の下で力強く歩んでまいりましょう。栄光がただ神にのみありますように！

参考文献（本文中で引用または言及したもののみ）

中村賢二郎・瀬原義生他編訳『原典宗教改革史』ヨルダン社、一九七六年
H・ベッテンソン編『キリスト教文書資料集』島田福安訳、聖書図書刊行会、一九六二年
『ウェストミンスター小教理問答』榊原康夫訳、聖恵授産所出版部、一九八一年
ボンヘッファー『キリストに従う』森平太訳、新教出版社、一九九六年
フィリップ・ヤンシー『隠された恵み――〝福音〟は良き知らせになっているのか』山下章子訳、いのちのことば社、二〇一五年

あとがき

本書は、二〇一七年六月十五日〜十七日にかけて軽井沢の恵みシャレーを会場に行われた、いのちのことば社伝道グループのスタッフ・リトリート（社員研修会）で、四回にわたってお話をしたものが元になっています。

本書は、全く思いがけないかたちで誕生しました。同社の岩本信一社長から、社員の研修会で〝宗教改革五〇〇周年〟についてお話をとの講演依頼を受けたとき、ごく基本的な「講義」をすればよいのだろうと勝手に思い込み、軽い気持ちでお引き受けしたのが始まりでした。

ところが、研修会の数週間前に送られてきたプログラムとメールによって明らかになったのは、私に期待されているのは「講義」ではなく、日々仕事に追われて心身ともに疲れているスタッフの方々の慰めと励ましとなるような話、ということなのでした。

「いのちのことば社」という伝道団体の、どのような信仰背景と予備知識を持っておられるのか全くわからない「職員」の方々に、「宗教改革」をテーマにした「慰めと励まし」となるお話を四回も！　私はお腹が痛くなりました（ほんとうに痛くなったのです）。講演レジュメの締め切り直前の数日間、他の仕事が重なっていたこともあって、連日、昼も夜もトイレに行き続けました（汚い話ですみません）。こんなことは初めてでした。

私は事前に完全原稿を作らないタイプなので、とにかく目の前におられる皆さんのお役に立つような話を、とだけ思って夢中でお話ししました。こうして三日間の奉仕が終わり、「ヤレヤレ、これで務めを果たした」と思ったのもつかの間、「今回のお話を本に」とその場で言われました。即断即決。そう、そこは「いのちのことば社」スタッフの集まりだったのです！

しかし、その場かぎりのお話と思って、自分でも何を話したのか思い出せないものを、多くの方に読んでいただくことがはたしてよいのか。それならそれで、全面的に書きおろしたほうがよいのではないか、と悩みました。しかし、あまり悩み始めると、またトイレに行かねばならない事態になりますので、もう神さまにお任せすることにしました。録音から文字に起こした原稿が届けられたのは、それから間もなくのことです。

＊

「宗教改革」という出来事は、ほんとうに小さく臆病な人々の心に、イエス・キリストの福音の光が差し込んだことから始まりました。この小さな書物を手にした方々も、あるいは心の灯が消え入りそうな悩みや苦しみに直面しておられるかもしれません。本書が、少しでもそのような方々の力となるならば、それにまさる幸いはありません。

私の拙い講演をお聞きくださり、書物にしてくださったいのちのことば社伝道グループの皆さま、とりわけ出版部の米本円香さんに、心から感謝いたします。
そして、日頃から多忙な牧師を案じて祈り続けてくださる日本キリスト改革派甲子園教会の愛する兄弟姉妹たち、いつも私を支えてくれている妻の通志子と子どもたちに、本書を「宗教改革五〇〇周年」を記念して捧げたいと思います。

二〇一七年七月

吉田　隆

著者

吉田　隆（よしだ・たかし）

埼玉県深谷市出身。

東北大学、改革派神学研修所、神戸改革派神学校、プリンストン神学校（Th. M.）、カルヴィン神学校（Ph. D.）で学ぶ。

18年間にわたる仙台での牧会・伝道を経て、2014年より神戸改革派神学校校長と日本キリスト改革派甲子園教会牧師。


著書として、『《ただ一つの慰めに生きる》～「ハイデルベルク信仰問答」の霊性』（神戸改革派神学校）、『カルヴァンの終末論』（教文館）等がある。訳本として、G・E・ラッド『新約聖書と批評学』（いのちのことば社、共訳）、『ハイデルベルク信仰問答』（新教出版社）、L・D・ビエルマ編『「ハイデルベルク信仰問答」入門』（教文館）等がある。

五つの“ソラ”から
──「宗教改革」後を生きる

2017年9月20日　発行
2018年11月30日　3刷
著　者　吉田　隆
印刷製本　日本ハイコム株式会社
発　行　いのちのことば社
〒164-0001 東京都中野区中野2-1-5
電話 03-5341-6922（編集）
03-5341-6920（営業）
FAX03-5341-6921
e-mail:support@wlpm.or.jp
http://www.wlpm.or.jp/

ISBN978-4-264-03853-5